Elogios a
*Este dolor no es mío*

Reconocido por *The New York Times*
como uno de los 5 mejores libros sobre sanación del trauma en 2025
Incluido en la lista de *Oprah Daily* de los 10 mejores libros sobre trauma en 2023
Destacado por *Book Riot* entre los 9 mejores libros sobre sanar el trauma en 2023
Elegido por *Healthline* como uno de los 13 mejores libros sobre salud mental en 2022
Recomendado por *Cosmopolitan* como uno de los 15 libros sobre salud mental imprescindibles
Incluido en la lista de *Men's Health* de los 20 mejores libros sobre salud mental en 2022
Incluido en la selección de *Choosing Therapy* de los 10 mejores libros
sobre TEPT y trauma en 2021
Ganador del Nautilus Book Award 2016 en la categoría de Psicología
Finalista del Books for a Better Life Award en 2016

«Mark Wolynn expone con maestría cómo el sufrimiento no resuelto de nuestros antepasados, a menudo desconocido para nosotros, puede limitarnos y atarnos dolorosamente a ellos. Pone a nuestro alcance las herramientas y destrezas —un método que integra comprensión, diálogos imaginarios y una reconexión llena de compasión— necesarias para liberarnos y sanar».

JAMES S. GORDON, doctor en Medicina

«Con *Este dolor no es mío* damos un gran paso adelante en el campo de la terapia del trauma, la atención plena y la comprensión humana. Se trata de una obra valiente, creativa y llena de compasión».

SHARON SALZBERG, autora de *Fe* y *Cambio real*

«Esta innovadora obra aporta una lúcida comprensión de los traumas heredados y ofrece nuevas y poderosas herramientas para acabar con el sufrimiento generado. Mark Wolynn guía sabia y fiablemente al lector a lo largo del viaje que conduce a la curación».

TARA BRACH, psicóloga y autora de *Aceptación radical*

«Con maestría, Mark entreteje los hilos del trauma heredado y del apego, y presenta una síntesis pionera que une la neurociencia, la psicología y la experiencia personal. A partir de los últimos avances en epigenética, nos ofrece un poderoso *mapa del lenguaje nuclear*, una herramienta que ayuda a los lectores a interpretar sus síntomas, rastrear su origen e iniciar el camino hacia la curación. Este libro está lleno de frases sanadoras, prácticas y rituales que conducen al lector hacia una mayor conciencia, integración y recuperación. Es, a la vez, un acompañante compasivo y una guía práctica para todo aquel que busque transformar en plenitud el dolor heredado».

DIANE POOLE HELLER, doctora y autora de *El poder del apego*
y *Healing Your Attachment Wounds*

«La excepcional obra de Mark Wolynn revela el código oculto de las familias y confirma que puedes regresar a tu hogar, siempre que entiendas cómo te ha moldeado tu historia familiar. Repleto de experiencias transformadoras, revelaciones poderosas y herramientas prácticas para la sanación personal, *Este dolor no es mío* merece un lugar en tu estantería junto a *El drama del niño dotado*, de Alice Miller, y *El cerebro del niño*, de Dan Siegel. Después de leerlo, jamás volverás a ver a tu familia de la misma manera».

MARK MATOUSEK, autor de *Ethical Wisdom*

«Al enlazar la neurociencia con la perspectiva psicodinámica, *Este dolor no es mío* pone en manos del lector un útil repertorio de recursos clínicos que puede aplicar por sí mismo, junto con ideas que invitan a la reflexión».

JESS P. SHATKIN, doctor en Medicina, máster en Salud Pública, vicepresidente de educación del Child Study Center del Langone Medical Center de la Universidad de Nueva York y autor de *Child & Adolescent Mental Health*

«Después de leer *Este dolor no es mío*, comencé a aplicar las técnicas de Mark Wolynn con mis pacientes y obtuve resultados increíbles, en menos tiempo que con los métodos psicoterapéuticos convencionales. Te animo a que leas este libro. Es una obra realmente vanguardista».

Dra. ALEXANNDRA KREPS

«Este libro es de lectura imprescindible. Obligatoria. La forma en que Mark Wolynn aborda el trauma familiar heredado y el trauma temprano del desarrollo, así como su impacto en la salud y el bienestar, resulta revolucionaria».

Dr. BRUCE HOFFMAN, director médico del The Hoffman Centre for Integrative and Functional Medicine

«*Este dolor no es mío* es un libro absolutamente valioso e interesantísimo que conecta nuestra psicología y nuestra biología de un modo innovador y profundo, otorgándonos el poder de entendernos y transformarnos ante lo que parece ineludible. Identificar nuestras lealtades inconscientes al trauma de nuestros antepasados a través de una serie de preguntas y ejercicios prácticos nos proporciona las llaves para abrir la puerta hacia nuestra propia libertad y compasión. Leer este libro es como participar en uno de los talleres transformadores de Mark: una travesía audaz y profunda hacia la autorrealización».

BRENDA STRONG, actriz nominada a los premios Emmy *(Mujeres desesperadas, Dallas, Por trece razones, Supergirl)* y directora ejecutiva de Strong Yoga®4Women

«Como médicos, a menudo tratamos el síntoma. He visto a Mark identificar el patrón y tratar la causa».

Dr. RUSSELL KENNEDY, autor de *Anxiety Rx*

# ESTE DOLOR NO ES MÍO
## LIBRO DE TRABAJO OFICIAL

**Mark Wolynn** es fundador y director del Family Constellation Institute (Instituto de Constelaciones Familiares). Es un conferenciante muy solicitado y ha impartido clases en hospitales, clínicas, congresos, universidades y centros de formación de todo el mundo, como la Universidad de Pittsburgh, la Universidad John F. Kennedy, el Western Psychiatric Institute, el Kripalu Center, el Open Center de Nueva York, el Omega Institute, el 1440 Multiversity y el California Institute of Integral Studies. Los artículos de Wolynn han aparecido en *Psychology Today, Elephant Journal, mindbodygreen* y *PsychCentral,* y sus poesías han sido publicadas en *The New Yorker.* Su libro, *Este dolor no es mío,* es un éxito de ventas internacional y se ha traducido a 39 idiomas.

# Este dolor
# no es mío

## Libro
## de trabajo
## oficial

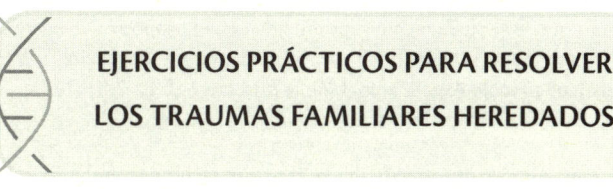

**EJERCICIOS PRÁCTICOS PARA RESOLVER**

**LOS TRAUMAS FAMILIARES HEREDADOS**

## Mark Wolynn

Traducción de Ana Belén Moreno

**aia**
Ediciones

Título original: *The Official It Didn't Start With You Workbook*

Traducción: Ana Belén Moreno

Diseño de cubierta: Matt Vee
Diseño de interiores: Sabrina Bowers

Publicado por acuerdo con Penguin Life, un sello de Penguin Publishing Group, división de Penguin Random House LLC

De la presente edición en castellano:
© Distribuciones Alfaomega S.L., Gaia Ediciones, 2025
    Alquimia, 6 - 28933 Móstoles (Madrid) - España
    Tel.: 91 617 08 67
    www.grupogaia.es - E-mail: grupogaia@grupogaia.es

Primera edición: febrero de 2026

Depósito legal: M. 22.616-2025
I.S.B.N.: 978-84-1108-207-5

Impreso en España por Artes Gráficas Cofás, S.A., Móstoles (Madrid)

# ÍNDICE

# NOTA DEL AUTOR

**He concebido este libro como una guía para acompañarte** en tu recorrido por el vasto paisaje del autodescubrimiento. Puedes utilizarlo por tu cuenta o trabajar el material con la ayuda de un psicoterapeuta profesional.

Presta atención a lo que experimentas mientras lees estas páginas. Es normal sentir cierta agitación o ansiedad. Al fin y al cabo, estamos adentrándonos en un territorio probablemente inexplorado.

Ahora bien, si notas que esas emociones intensas no desaparecen o que este material te provoca inseguridad, tal vez eso quiera decir que necesitas acompañamiento. Te recomiendo que marques los pasajes que te hayan producido malestar y que acudas a un terapeuta con formación somática, a ser posible con experiencia en trauma de apego.

Trátate con cariño mientras lees este cuaderno de ejercicios. Permítete sentir todo lo que surja, ya que esas emociones pueden estar preparando el terreno para el siguiente nivel de sanación al que te estás acercando.

La información de este libro de trabajo no sustituye la atención de un psicólogo ni reemplaza el tratamiento médico o de salud mental. Se trata, en cambio, de una valiosa herramienta para explorar sin límites el autodescubrimiento.

# ¿TIENES UN TRAUMA FAMILIAR HEREDADO?

**L**levo más de treinta años ayudando a la gente a comprender los interrogantes que forman parte de su vida.

Muchos de mis pacientes manifiestan un síntoma o un patrón de conducta que no logran comprender. Puede tratarse de dolor crónico, migrañas, problemas digestivos, afecciones cutáneas o fatiga crónica. También de depresión, ansiedad o un torrente de pensamientos y temores. Incluso de algún conflicto en las relaciones, comportamientos autodestructivos o dificultades para conservar un trabajo.

En muchos casos, también se dan sucesos «comunes» en la historia familiar: el padre o la madre quedaron huérfanos siendo muy jóvenes; el hermano pequeño del padre murió ahogado; los abuelos perdieron a familiares en la guerra, durante una epidemia o en alguno de los múltiples genocidios que se han producido a lo largo de la historia; la madre se divorció estando embarazada, sufrió un aborto espontáneo antes de que naciera mi paciente o padeció depresión posparto.

Aunque se perciban como habituales, acontecimientos así pueden destrozar una familia. Y, como son tan frecuentes, tendemos a enterrar las emociones y a decirnos «lo pasado, pasado está» para continuar con nuestras vidas. Las emociones que intentamos reprimir nunca desaparecen del todo. Muchas veces quedan almacenadas en el cuerpo y reaparecen en forma de síntomas inexplicables. Aunque seamos nosotros quienes los sufrimos, las emociones asociadas, como pronto aprenderemos, quizá no nos pertenezcan.

Existen sólidas pruebas biológicas que demuestran que la reacción a un trauma no se detiene necesariamente en las personas que lo sufrieron. Las emociones y las sensaciones —sobre todo la respuesta al estrés y el modo en que los genes se expresan— pueden transmitirse a hijos y nietos, que tal vez se vean afectados de manera similar, aunque no hayan experimentado el trauma en carne propia.

Este cuaderno de ejercicios te ayudará a enfrentarte a los misterios con los que convives —síntomas inexplicables, miedos, ansiedades, pensamientos obsesivos—, señales que quizá crees que son tuyas, cuando en realidad las has heredado de tu madre, de tu padre o de tus abuelos. Y nunca habías visto la relación... hasta ahora.

## ¿QUÉ ES UN TRAUMA FAMILIAR HEREDADO?

Según los estudios científicos más recientes, las secuelas de un trauma pueden transmitirse de una generación a otra. Veamos cómo funciona este proceso.

Los recuerdos traumáticos pueden dejar huella en los óvulos y espermatozoides de nuestros progenitores y abuelos. Estas alteraciones en el ADN se heredan y llegan hasta nosotros. De este modo, podemos venir al mundo con cambios en el cerebro que nos predisponen biológicamente a sufrir traumas similares a los que padecieron nuestros padres o abuelos.

Piensa en lo que hubiera supuesto para tu padre perder, de pequeño, a su madre y acabar en una familia de acogida. ¿Cómo hubieran influido esos acontecimientos en su capacidad para amar, confiar en los demás o tener seguridad en sí mismo? No solo habría cargado con heridas emocionales, sino también con cicatrices biológicas en su ADN, transmisibles a las generaciones futuras.

El dolor no siempre se disuelve por sí solo ni disminuye con el tiempo. Incluso si la persona que sufrió el trauma original ya ha muerto y su historia ha quedado sepultada bajo años de silencio, fragmentos de su experiencia vital, de sus recuerdos y de sus sensaciones corporales pueden seguir vivos, como si buscaran, desde el pasado, resolverse en la mente y el cuerpo de quienes viven en el presente.

## LA IMPORTANCIA DEL TRAUMA DE APEGO

La presencia de varios traumas en una familia —o incluso de uno solo— puede afectar de manera significativa a la capacidad de una madre para conectar emocionalmente con sus hijos. La situación se vuelve especialmente delicada si un trauma limita la atención que se le puede prestar al hijo durante las primeras etapas del neurodesarrollo. Cuando esto ocurre, puede producirse una ruptura del vínculo de apego entre ambos, lo que altera la sensación de seguridad y bienestar del niño.

Hay infinidad de situaciones que pueden dañar el vínculo entre una madre y su hijo. Tal vez su pareja le era infiel o tenía problemas con la bebida y ella se sentía atrapada en esa relación. También es posible que sufriera una depresión posparto. Puede que perdiera a uno de sus padres o a su mejor amigo durante el embarazo. O a un hijo antes de que nosotros naciéramos y por eso vivía con el miedo constante de que nos pasara lo mismo. Puede que en la infancia sufriera un trauma que marcara su biología y su psicología, y que con el tiempo también dejara huella en nosotros.

El trauma de apego también puede heredarse. Si alguno de nuestros progenitores o de nuestros abuelos experimentaron una ruptura del vínculo de apego con su madre, es posible que los efectos de esa brecha se transmitan epigenéticamente hasta nosotros. Ya se trate de un trauma de apego o de un trauma generacional, este libro iluminará el camino hacia la sanación.

# PUEDE DETENERSE EN TI

Si has leído mi libro *Este dolor no es mío*, ya sabes que los efectos del trauma pueden reflejarse en nuestras palabras y manifestarse a través de los síntomas. Sin embargo, nuestros síntomas no siempre se parecen al trauma original. Aunque quizá tengamos problemas de visión o experimentemos temblores, no relacionamos estos síntomas con el hecho de que nuestra abuela quedó huérfana cuando era un bebé y no pudo dar a nuestra madre el amor y la atención que necesitaba. Y nuestra madre, sin ser consciente de lo que no había recibido, no pudo ofrecernos la conexión que precisábamos para habitar plenamente nuestro cuerpo, lo que provocó deficiencias en el funcionamiento de nuestro sistema nervioso.

Mientras lees estas palabras, es posible que pienses en traumas de tu familia o de tus primeros años de vida y te preguntes si te están afectando.

**¿Cómo puedes saber** si has sufrido un trauma familiar hereditario? He aquí algunos signos comunes:

- Miedos o fobias, pensamientos abrumadores u obsesivos y ansiedad o ataques de pánico (estos dos últimos también son frecuentes en el trauma de apego).

- Emociones inquietantes, como la sensación de que algo terrible está a punto de suceder o la creencia de que eres una persona horrible que podría hacer daño a alguien, que te odiarán y que no mereces vivir.

- Experiencias o síntomas físicos que no parecen tener relación con tu historia personal. En cambio, en el trauma de apego, es probable que los síntomas puedan vincularse a un trauma temprano por la separación física o emocional de la madre.

He aquí algunos signos del trauma de apego:

- Ansiedad social, ataques de pánico, trastorno de estrés postraumático, desconfianza, miedo a la intimidad, problemas para establecer límites, una imagen negativa de ti mismo y una actitud emocionalmente evasiva o reactiva.

- Sentimientos perturbadores, como creer que te rechazan o te abandonan, que pasas inadvertido o no mereces amor; sentirte invisible, vulnerable, sin poder, sin alegría, incapaz de estar a la altura o, por el contrario, resultar demasiado intenso para los demás.

- Experiencias o síntomas físicos que concuerdan con un trauma temprano de desconexión con la madre, como sensibilidades alimentarias o ambientales, mala absorción de nutrientes, trastornos de la alimentación, problemas autoinmunes, síndrome de fatiga crónica, abuso de sustancias, así como afecciones relacionadas con el contacto físico, como fibromialgia, eccema o erupciones cutáneas, entre otras.

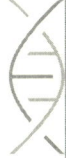

Por supuesto, somos numerosas las personas que presentamos síntomas inexplicables. Muchos de nosotros crecimos en un hogar desestructurado o tenemos padres o abuelos que no pudieron entregar su amor sin reservas. ¿Cómo sabemos si hemos heredado un trauma familiar o un trauma de apego?

Este libro de ejercicios ha sido concebido para ayudarte a descubrirlo. No solo para que tomes conciencia de la situación, sino también para que sanes y rompas el ciclo de cara a las generaciones futuras.

Los efectos del trauma familiar heredado no se originaron en ti, pero tú puedes ponerles fin.

# ¿ARRASTRAS UN TRAUMA SIN RESOLVER?

Tal vez te preguntes si este libro es para ti. ¿Cómo puedes saber si presentas síntomas de un trauma? Antes de comenzar este recorrido juntos, tienes la oportunidad de explorar tus propios pensamientos, emociones y síntomas físicos.

Vamos a empezar con un escaneo corporal. Partiendo de la coronilla de la cabeza, lleva tu conciencia hacia abajo por todo el cuerpo y percibe cualquier sensación que te llame la atención. ¿En qué parte del cuerpo sientes fluir la energía vital? ¿Experimentas una sensación de vivacidad o vitalidad? ¿Dónde percibes lo contrario? ¿Cuáles son las zonas que sientes vacías, huecas, entumecidas, apagadas o desconectadas? Intenta identificar por dónde se mueve la energía y cuáles son las áreas que sientes constreñidas. ¿Hay partes que notes frías o cálidas, tensas, rígidas o relajadas?

Todo está bien, tanto lo que percibas como lo que no. Vamos a señalar estas observaciones en el dibujo del cuerpo que encontrarás a continuación.

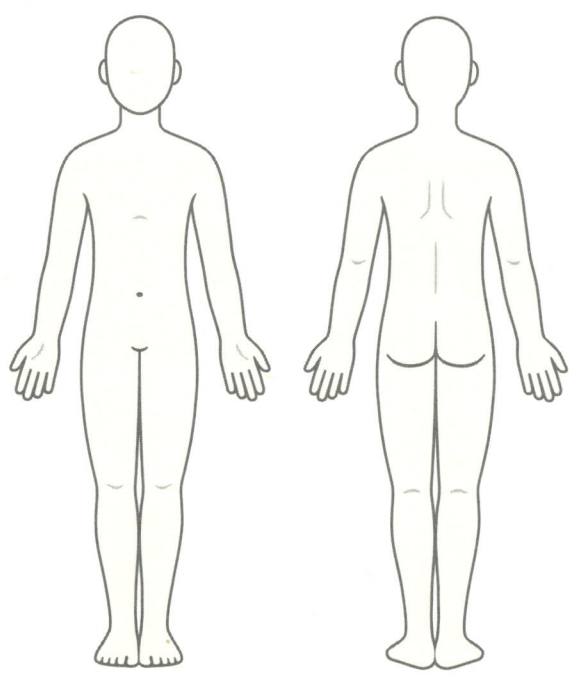

Te agradezco que hayas creado este mapa corporal. Disponer de una representación física de las sensaciones de tu cuerpo te será útil a medida que avancemos en este libro de ejercicios.

No te preocupes si te cuesta poner nombre a tus sensaciones físicas o si no puedes sentir nada en absoluto. Con el simple hecho de identificar esas zonas como bloqueadas, entumecidas, ausentes o desconectadas ya tienes media batalla ganada. ¡*Eso* también son sensaciones! Y son sensaciones importantes con las que puedes trabajar. Dicho esto, siempre aconsejo acudir a un psicoterapeuta especializado en orientación somática si afloran emociones abrumadoras.

## Sensaciones físicas que suelen asociarse a las respuestas traumáticas

- Respuestas de lucha: tensión, rigidez, constricción, dolor, impulso de atacar o empujar.

- Respuestas de huida: contracción, echarse hacia atrás o apartarse, encogerse, sensación de pánico, es decir, una percepción física de la necesitad de escapar o irse para crear distancia entre uno mismo y aquello que se percibe como una amenaza.

- Respuestas de bloqueo: disminución de la frecuencia cardiaca, incapacidad para moverse o actuar, sensación de estar bloqueado, cerrado, congelado, entumecido, hueco, vacío, ausente, desconectado, disociado, «fuera de línea», inmóvil o callado, desbordado, hundido o sumido en sí mismo.

- Otras respuestas que pueden estar asociadas a cualquiera de las tres son: malestar estomacal, náuseas, respiración superficial o agitada, aumento de la frecuencia cardiaca, sensación de calor o sofoco, sudoración, estremecimiento, ansiedad, temblores o nerviosismo.

Ahora vamos a examinar algunos de tus pensamientos y emociones. En las líneas que aparecen después de cada pregunta, detalla tus experiencias.

*¿Tienes ansiedad? ¿Cómo se manifiesta en ti?*

...................................................................................................................................

...................................................................................................................................

...................................................................................................................................

*¿Padeces depresión? ¿Qué sensaciones te provoca?*

...................................................................................................................................

...................................................................................................................................

...................................................................................................................................

*¿Hay situaciones que desencadenan ciertos sentimientos, impulsos o comportamientos en ti, como tener un conflicto con alguien, estar en grupo, hablar en público o conducir? Desarrolla tu respuesta.*

...................................................................................................................................

...................................................................................................................................

...................................................................................................................................

*En tus relaciones, ¿tienes dificultades para acercarte a los demás, confiar, establecer límites o controlar tus reacciones? Cuéntame más.*

...................................................................................................................................

...................................................................................................................................

...................................................................................................................................

*Cuando tienes una relación estrecha con alguien, ¿te da a veces la sensación de que hay un muro de cristal entre tú y esa persona? ¿Qué sensaciones te despierta eso?*

.................................................................................................................

.................................................................................................................

.................................................................................................................

*¿Albergas pensamientos que te distraen o que no te dejan dormir por la noche? ¿De qué tratan?*

.................................................................................................................

.................................................................................................................

.................................................................................................................

*¿Alguna vez has sentido que eras invisible, que te ignoraban o que nadie te percibía? ¿Te ha pasado en medio de una multitud, en reuniones o en tus relaciones íntimas?*

.................................................................................................................

.................................................................................................................

.................................................................................................................

*¿Tienes síntomas físicos que no puedes explicar? Descríbelos.*

.................................................................................................................

.................................................................................................................

.................................................................................................................

*En caso afirmativo, ¿qué miedos surgen cuando piensas en dichos síntomas?*

..................................................................................................................................................

..................................................................................................................................................

..................................................................................................................................................

*¿Qué podrían estar intentando decirte estos sentimientos o síntomas?*
*¿Qué mensaje podrían tener para ti?*

..................................................................................................................................................

..................................................................................................................................................

..................................................................................................................................................

Si has respondido afirmativamente a al menos una de las preguntas anteriores, vamos a profundizar más en el tema.

Pero, antes de eso, tengo otra pregunta para ti:

*¿Cómo imaginas tu proceso de sanación? ¿En qué cambiaría tu vida?*

..................................................................................................................................................

..................................................................................................................................................

..................................................................................................................................................

# CÓMO UTILIZAR ESTE LIBRO DE TRABAJO

He concebido este libro para que sea como una sesión privada conmigo. Te plantearé todas las preguntas que suelo formular a mis pacientes y, basándome en tus respuestas, te recomendaré las mismas prácticas y rituales de sanación, tal y como lo haría si estuviéramos frente a frente.

Aquí tienes un breve resumen de nuestro recorrido juntos: en los capítulos 1 y 2, exploraremos los dos tipos de trauma que aborda este libro, el *trauma familiar heredado* y el *trauma de apego*. Después, en el capítulo 3, veremos en profundidad los *cuatro temas inconscientes* que frenan el avance de la vida (los cuatro modos en que se pueden truncar nuestras relaciones personales, nuestros logros y nuestra salud).

Estos cuatro temas inconscientes son la puerta de entrada al núcleo del trabajo que realizaremos juntos. Cuando identifiques los temas principales que tienen un impacto en tu vida, podrás empezar a comprender tu propio lenguaje del trauma a través del enfoque del lenguaje nuclear. En los capítulos 4, 5, 6 y 7, identificarás tu queja nuclear, tus descriptores nucleares, tu frase nuclear y tu trauma nuclear.

En conjunto, tu tema o temas inconscientes y tu lenguaje nuclear trazan un mapa que conduce a la sanación. En los capítulos 8, 9 y 10 aprenderás frases de sanación personalizadas, rituales y prácticas que te ayudarán a romper el ciclo del trauma. Por último, los capítulos 11 y 12 incluyen prácticas de sanación específicas para cultivar relaciones saludables y alcanzar una vida plena y exitosa.

A lo largo de este libro de trabajo encontrarás ejercicios tanto escritos como somáticos (centrados en el cuerpo) que te guiarán paso a paso por el proceso de sanación. Las prácticas que te propongo están diseñadas para llegar al fondo de la cuestión. Es posible que incluso toquen alguna fibra sensible. Y eso está bien, pues he comprobado que el cambio que perdura suele implicar cierto grado de incomodidad. Sin embargo, no olvides que eres tú quien decide en todo momento cómo vivir este proceso. No hagas nada que no te parezca bien. Confía en tu instinto.

Aunque este trabajo te corresponde a ti, no estarás solo. Por el camino conocerás a dos de mis anteriores pacientes, Susan y Jordan[1], que también sufrieron traumas familiares. Contestarán las mismas preguntas que tú y serás testigo de sus relatos, marcados por el dolor, la incertidumbre, el coraje, el descubrimiento y, finalmente, la sanación.

Con el fin de que aproveches al máximo esta experiencia, te propongo una serie de recomendaciones:

▶ Dedica tiempo suficiente y busca un lugar sin distracciones para responder a las preguntas y realizar los ejercicios. Ábrete a la experiencia. Muestra curiosidad. Afronta los ejercicios con determinación. No te des por satisfecho hasta haber llegado a lo más profundo. Y después sigue adelante. Este manual te guiará en cada paso del proceso.

▶ Este libro de trabajo está diseñado para adaptarse a distintos estilos de aprendizaje. En él encontrarás información conceptual, historias reales, preguntas de respuesta abierta que implican tanto a la mente como al corazón, así como ejercicios somáticos que involucran al cuerpo. Siéntete entonces libre de utilizarlo de la forma que mejor favorezca tu viaje de sanación: puedes completar cada ejercicio a medida que avanzas, o leer primero todo el libro y luego volver atrás para terminar los ejercicios.

▶ Nota: Si es posible, te recomiendo que realices los ejercicios a medida que lees el libro. La ventaja de hacerlos conforme avanzas —y no solo leerlos— es que darás un salto hacia el siguiente nivel en tu proceso de curación, ya que cada ejercicio se basa de forma exponencial en el anterior.

Te acompañaré como guía, mientras recorres un territorio lleno de descubrimientos. En cada etapa te daré una herramienta que te servirá de linterna, para iluminar el camino que tienes por delante. Vamos allá.

# CAPÍTULO 1

# ¿CÓMO HEREDAMOS
# LOS EFECTOS DEL TRAUMA?

**A**hora que ya te has hecho una idea del viaje que nos espera, empecemos por conocer los dos tipos de traumas familiares con los que trabajaremos: el trauma familiar heredado y el trauma de apego. Durante los dos siguientes capítulos exploraremos con más detalle la base científica; además, tendrás la posibilidad de examinar de cerca algunos episodios de tu propia historia.

La historia que compartes con tu familia comenzó incluso antes de que te concibieran. En tu forma biológica más temprana, la de óvulo no fertilizado, ya estás compartiendo un entorno celular con tu madre y tu abuela. Cuando tu abuela estaba embarazada de cinco meses de tu madre, ya estaba presente en los ovarios de tu madre la célula precursora del óvulo del que te desarrollaste tú. Esto significa que, antes de que naciera tu madre siquiera, ya estabais en un mismo cuerpo tu abuela, tu madre y los primeros indicios de ti mismo. Tres generaciones compartíais un mismo entorno biológico[2]. Esta idea no es nueva, pues aparece en los manuales de embriología desde hace mucho más de un siglo.

También, de manera similar, puedes remontarte hasta tu concepción por el lado de la línea paterna. Las células precursoras del espermatozoo del que te desarrollaste ya estaban presentes en tu padre cuando este era un feto en el vientre de su madre[3].

No obstante, existen diferencias biológicas significativas entre la evolución del óvulo y la de los espermatozoides. Los espermatozoides de tu padre siguieron multiplicándose desde que este llegó a la pubertad, mientras que tu madre nació ya con su provisión de óvulos para toda la vida. Y entre doce y cuarenta años más tarde, uno de esos óvulos, fertilizado por un espermatozoo de tu padre, terminó por desarrollarse hasta llegar a ser quien eres ahora.

En cualquier caso, la ciencia actual nos dice que las células de ambos tipos, las precursoras de los óvulos y las de los espermatozoides, pueden quedar marcadas por los hechos, con la posibilidad de afectar a las generaciones sucesivas. Como los espermatozoides de tu padre siguieron desarrollándose durante su adolescencia y su vida adulta, no dejaron de ser susceptibles a las marcas traumáticas hasta casi el momento mismo de tu concepción[4].

Gracias a los últimos descubrimientos sobre la herencia del estrés, podemos empezar a comprender cómo el residuo biológico de los traumas vividos por tus padres o abuelos es capaz de transmitirse de generación en generación, con efectos de gran alcance. Esto tiene unas consecuencias de amplitud imponente, como veremos al estudiar las investigaciones más actuales[5].

## Cómo afecta el trauma a nuestro ADN

Para que las respuestas al estrés se transmitan a las generaciones futuras, la exposición al trauma debe ser «lo suficientemente dramática, prolongada y grave», afirma Isabelle Mansuy, profesora de neuroepigenética de la Universidad de Zúrich[6].

Si un trauma es lo suficientemente intenso, puede afectar a nuestra biología y provocar que unas moléculas llenas de información se unan al ADN y funcionen como interruptores de intensidad, que controlan qué partes del ADN se utilizan y cuáles no, es decir, qué genes se activan y cuáles permanecen inactivos. La secuencia del ADN en sí no varía; pero su expresión sí cambia, a causa de las etiquetas epigenéticas. Las investigaciones han demostrado que las etiquetas epigenéticas pueden explicar las diferencias en el modo en que regulamos el estrés en etapas posteriores de la vida[7].

Como consecuencia, nuestro comportamiento, es decir, la manera en que reaccionamos en determinadas situaciones, puede cambiar. Lo mismo ocurre con el de nuestros hijos y nietos, que acaso nazcan con cerebros alterados y sistemas nerviosos en constante alerta, preparados para afrontar traumas que quizá nunca lleguen a vivir.

La comunidad científica creía que los efectos del estrés quedaban borrados en las células precursoras de los espermatozoides y los óvulos (poco después de la fertilización), antes de que ninguna información epigenética pudiera afectar a la generación siguiente; como cuando se borran los datos en el disco duro de un ordenador. Sin embargo, los científicos han demostrado recientemente que determinadas etiquetas epigenéticas se escapan de este proceso de reprogramación y se transmiten, en efecto, a las células precursoras de los óvulos y los espermatozoides que un día se convertirán en nosotros[8].

Si tus padres sufrieron un trauma lo suficientemente grave como para que llegue a alterarse la función de sus genes, esa información genética, transmitida en el espermatozoide de tu padre o en el óvulo de tu madre, podría predisponerte a mostrarte sensible o reactivo ante situaciones que ocurrieron incluso antes de que nacieras. Situaciones de las que no tienes conocimiento alguno.

El lado positivo es que ahora tendrías más posibilidades de superarlas. El negativo es que tu sistema nervioso autónomo podría permanecer activado, atascado en modo simpático, incluso cuando no haya peligro. Una vez activado, el sistema nervioso suele ser incapaz de distinguir entre un pasado inseguro y un presente seguro.

Si, por ejemplo, nuestros padres o abuelos vivieron en un entorno desgarrado por la guerra (con disparos a la gente, estallidos de bombas, hombres uniformados que reunían a la población en la plaza o seres queridos hechos prisioneros), tal vez, a manera de respuesta a la violencia, hayan desarrollado y transmitido un conjunto de habilidades determinadas, como reflejos más agudos y tiempos de reacción más rápidos, a fin de ayudar*nos* a sobrevivir al trauma que *ellos* experimentaron. El problema es que también podemos heredar una respuesta de estrés adaptada al nivel más alto, como si estuviéramos preparados para sobrevivir a una catástrofe que nunca llega. Y rara vez relacionamos nuestra ansiedad, hipervigilancia o depresión con lo que vivieron nuestros padres o abuelos. Creemos que somos así por naturaleza, cuando en realidad ciertas etiquetas epigenéticas se han adherido a nuestro ADN y han indicado a las células que activen o silencien ciertos genes, lo que a menudo provoca miedos, emociones y síntomas que no sabemos explicar.

## EJERCICIO

## SACUDIR EL ÁRBOL GENEALÓGICO

Si tú o alguno de tus hijos presentáis síntomas inexplicables —depresión, ansiedad, TOC, fobias o conductas autodestructivas—, ha llegado el momento de agitar el árbol genealógico y ver qué cae.

Haz memoria. ¿Qué secretos familiares se han ocultado? ¿Qué historias no se contaron? ¿Qué traumas nunca se curaron del todo? ¿Qué relato oíste una sola vez y luego no se volvió a mencionar?

*¿Qué le ocurrió a tu madre, a tu padre, a tus abuelas o a tus abuelos cuando eran pequeños, cuando empezaron a abrirse camino en el mundo o en sus relaciones? ¿Qué desilusiones, pérdidas o duelos vivieron?*

.......................................................................................................................................

.......................................................................................................................................

.......................................................................................................................................

Si no se te ocurre nada, aquí tienes algunos traumas que podrían haberse transmitido a ti y a tus hijos y que acaso influyan en vuestras relaciones, logros, salud o bienestar. Aunque no se trata de una lista exhaustiva, te permitirá hacerte una idea de los traumas que pueden afectar a una familia durante varias generaciones.

- ▶ ¿Perdió uno de tus padres o abuelos a un hijo, a un hermano, a un progenitor, a un gran amor o a una pareja especial?

- ▶ ¿Alguno de tus abuelos sufrió depresión cuando tu madre o tu padre eran pequeños?

- ▶ ¿Creció uno de tus padres o abuelos en un país asolado por la guerra?

- ▶ ¿Alguno de ellos tuvo que dejar su casa o separarse de un ser querido?

- ▶ ¿Tu padre o tu abuelo formó en secreto otra familia?

- ▶ ¿Alguno de tus padres o abuelos fue duro, distante, infiel, adicto o alcohólico?

- ▶ ¿Alguno de tus padres o abuelos murió joven?

- ▶ ¿Alguno de tus padres o abuelos estuvo separado de su madre cuando era pequeño?

- ▶ ¿El matrimonio de alguno de tus padres o abuelos estuvo marcado por la falta de afecto?

*¿Esta lista te ha llevado a recordar algo en particular? Anota en las líneas de abajo cualquier hecho que haya podido interrumpir el flujo de amor en tu familia.*

...................................................................................................................................

...................................................................................................................................

...................................................................................................................................

*¿Puedes sentir las huellas de ese trauma en tu propia vida? ¿Qué miedos, síntomas, pensamientos o conductas están tal vez relacionados con él?*

..............................................................................................................................

..............................................................................................................................

..............................................................................................................................

*¿Crees que este trauma ha repercutido en la vida de tus hijos?*

..............................................................................................................................

..............................................................................................................................

..............................................................................................................................

Cuanto más sepamos y hablemos sobre estos traumas, más fácil será ofrecer alivio a nuestros hijos y a las generaciones futuras que podrían sufrir sin comprender la causa. He comprobado que, cuando ignoramos el pasado, este puede volver para atormentarnos. Sin embargo, si lo exploramos, no tenemos por qué repetirlo. Podemos romper estos patrones destructivos para que no se transmitan a las generaciones venideras.

Cuando trabajo con familias en mi consulta, a menudo observo patrones recurrentes de enfermedad, depresión, ansiedad, dificultades en las relaciones y problemas económicos, y siempre siento la necesidad de indagar más. ¿Qué suceso no explorado de una generación anterior impulsa la conducta del hombre que pierde todo su dinero en la bolsa o de la mujer que solo elige intimar con hombres casados? ¿Cómo ha influido su herencia genética? ¿Qué ocurrió en la historia de su familia? ¿Qué trauma fue lo suficientemente potente como para modificar su biología?

Por ejemplo, se ha estudiado a los hijos de supervivientes de genocidios —el Holocausto, así como los acaecidos en Ruanda y en Camboya, entre otros— y se han encontrado cambios epigenéticos asociados al TEPT, aun cuando esos hijos no habían vivido el trauma original[9].

Un estudio realizado en 2018 por la Universidad Tufts reveló que los hombres que habían sufrido traumas en la infancia podían transmitir la ansiedad a sus hijos a través del esperma. Este estudio concreto se centró en los donantes de esperma que declararon haber tenido considerables experiencias adversas en la infancia (EAI). Cuanto mayor era la puntuación EAI de los hombres, más probable era que tuvieran perfiles de ARN alterados en su esperma[10].

Un estudio publicado en 2017 en la revista *JAMA Psychiatry* analizó a un grupo de madres con traumas infantiles y concluyó que sus hijas tenían más probabilidades de desarrollar depresión y trastorno bipolar[11].

Estos estudios nos muestran por qué es tan importante preguntar a nuestros padres, si aún viven, qué les ocurrió a ellos y qué vivieron sus propios progenitores. Cuanto más sepamos, más fácil será entender esos miedos, conductas y sensaciones que no logramos explicar.

A la larga, los traumas derivados de acontecimientos lo bastante graves como para alterar el equilibrio emocional de nuestra familia —una guerra, un delito, un suicidio, una muerte prematura, una pérdida repentina o inesperada— pueden hacer que volvamos a experimentar síntomas traumáticos del pasado.

Dado que la herencia epigenética transgeneracional es un campo relativamente reciente y puesto que en los seres humanos una generación dura aproximadamente veinte años, aún no sabemos qué efectos tendrán nuestros traumas en nuestros nietos y bisnietos. Todavía está por verse. Sin embargo, como han demostrado las investigaciones, entre los ratones el estrés puede transmitirse a lo largo de cinco generaciones (¡y existe incluso un estudio que habla de más de trescientas generaciones en el caso de los gusanos!)[12], por lo que es fundamental contarles a nuestros hijos no solo lo que nos ocurrió a nosotros, sino también lo que vivieron nuestros padres y abuelos. De hecho, si conocemos sus historias, podríamos remontarnos incluso más atrás.

# LAS BUENAS NOTICIAS

Tengo la sensación de que hasta ahora solo me he centrado en lo malo: todos estamos en el mismo barco, que se está hundiendo. En realidad, también hay buenas noticias. Muchas buenas noticias.

Los investigadores ya han conseguido revertir los síntomas del trauma en ratones. Y las implicaciones son enormes, ya que estos animales comparten gran parte de su mapa genético con nosotros: más del 90 por ciento de los genes humanos tienen su equivalente en los ratones.

En varios estudios con estos animales, las crías separadas de sus madres mostraban comportamientos similares a lo que, en los humanos, llamamos *depresión*. Los síntomas parecían intensificarse a medida que los ratones envejecían. Además, esas conductas depresivas podían observarse en tres o más generaciones posteriores.

Sin embargo, cuando esos mismos ratones traumatizados son expuestos a experiencias positivas, no solo desaparecen sus síntomas y mejoran sus conductas, sino que también se producen cambios en la expresión de su ADN, lo que impide que los síntomas se transmitan a la siguiente generación. Esta investigación está sacando a la luz un hallazgo sin precedentes: los ratones son capaces de liberarse de antiguos patrones traumáticos tras vivir experiencias positivas.

Los ratones no son los únicos que se benefician con las experiencias positivas. Esa es también la forma en que nosotros, como humanos, rompemos el ciclo del trauma familiar heredado.

A medida que avances en la lectura, descubrirás cómo lograrlo. Pero antes vamos a explorar otro tipo de trauma: aquel que aparece cuando se rompe el vínculo temprano con nuestra madre.

# CAPÍTULO 2

# LA RUPTURA DEL VÍNCULO

«**No hay influencia más poderosa que la de la madre**», escribió Sarah Josepha Hale en 1829[13]. Nuestra madre traza el plano esencial sobre el que se desarrollará el resto de nuestra vida. Este proceso comienza en el vientre materno y cobra forma incluso antes de que nazcamos. Durante ese tiempo, nuestra madre lo es todo para nosotros y, una vez que nacemos, su tacto, su mirada, su voz y su olor son nuestro contacto con la vida misma. Cuando este vínculo se rompe, ya sea en el útero o durante los primeros años de vida, da lugar a uno de los traumas más frecuentes y, a la vez, más ignorados.

Mientras somos demasiado pequeños para entender la vida por nuestra cuenta, nuestra madre nos devuelve reflejadas nuestras experiencias en dosis que somos capaces de tomar y asimilar. Su aptitud para vernos, comprendernos y calmarnos —y el vínculo que eso genera— es lo que se conoce como *sintonía*. En las circunstancias ideales, cuando lloramos, ella expresa inquietud en el rostro. Cuando reímos, se le ilumina de alegría la cara, que es un reflejo de todas nuestras expresiones. Cuando nuestra madre está sintonizada con nosotros, nos infunde una sensación de seguridad, de valía y de integración, con la ternura de su contacto, con el calor de su piel, con su atención constante e, incluso, con la dulzura de su sonrisa. Nos llena de todas sus «cosas buenas», y nosotros reaccionamos acumulando en nuestro interior una reserva de «buenas sensaciones».

Es preciso que adquiramos una considerable reserva de «cosas buenas» durante nuestros primeros años, para que tengamos la seguridad de que conservaremos dentro las buenas sensaciones, aunque nos perdamos durante algún tiempo. Cuando hemos recibido de nuestra madre pocas «cosas buenas» o ninguna, nos puede resultar difícil confiar por completo en la vida.

Las imágenes que tenemos de «la madre» y de «la vida» están relacionadas entre sí a muchos niveles. Lo ideal es que la madre nos nutra y vele por nuestra seguridad. La madre nos consuela y nos da lo que necesitamos para sobrevivir cuando somos demasiado pequeños para obtenerlo por nuestra cuenta. Después de haber vivido repetidas veces la experiencia de que nuestra madre nos da lo que necesitamos, vamos aprendiendo que nosotros mismos también podemos obtener por nuestra cuenta lo que necesitamos. En esencia, sentimos que «nos bastamos» para darnos a nosotros mismos «lo suficiente». La consecuencia es que nos parece que la vida misma nos aporta lo que necesitamos. Cuando nuestra conexión con nuestra madre fluye bien, suele parecernos que también fluyen hacia nosotros la buena salud, el dinero, el éxito y el amor.

Pero cuando se corta nuestro vínculo temprano con nuestra madre, una nube oscura de miedo, de escasez y de desconfianza puede pasar a ocupar nuestro punto de vista básico. Ya sea permanente esta ruptura del vínculo, como en el caso de una adopción, o ya se trate de una interrupción temporal que no llegó a restaurarse del todo, esa separación entre la madre y el hijo puede ser el semillero de muchas de las dificultades de la vida.

Cuando la ruptura solo es temporal, es importante que nuestra madre esté estable, atenta y acogedora en el regreso tras la separación. La experiencia de haberla perdido puede ser tan devastadora que titubeamos o nos resistimos a la hora de volver a conectar con ella. Si nuestra madre no es capaz de tolerar nuestros titubeos, o si interpreta nuestra reticencia como un rechazo, puede reaccionar poniéndose a la defensiva o distanciándose a su vez, dejando así dañado y roto el vínculo entre los dos. Puede que nuestra madre no llegue a entender nunca por qué se siente desconectada de nosotros, y que albergue sentimientos de duda, de desilusión y de inseguridad como madre; o, lo que es peor, que caiga en la irritabilidad y en la ira hacia nosotros. Una escisión no curada puede debilitar los cimientos de nuestras relaciones futuras.

Un rasgo esencial de estas experiencias tempranas es que no las tenemos guardadas en la memoria de forma recuperable. Durante la gestación y durante la primera infancia no tenemos el cerebro capacitado para dar forma de relato a nuestras experiencias de modo que puedan convertirse en recuerdos. A falta de esos recuerdos, nuestros deseos no satisfechos pueden salir a relucir de manera inconsciente en forma de impulsos, anhelos y ansias que aspiramos a satisfacer con nuestro próximo trabajo, con nuestras próximas vacaciones, con nuestra próxima copa de vino, o incluso con nuestra próxima pareja sentimental. De modo similar, el miedo y la ansiedad que nos produce una separación temprana puede distorsionarnos la realidad, haciendo que unas situaciones que solo son difíciles o incómodas nos parezcan catastróficas y con peligro de muerte.

## ¿Cómo se origina el trauma de apego?

Los especialistas en apego nos explican que, en las mejores condiciones, el vínculo de una madre con su hijo comienza desde la concepción. La forma en que nuestra madre establece el vínculo con nosotros en el útero es fundamental para el desarrollo de nuestro cableado neuronal, y los dos o tres primeros años fuera del vientre actúan como una prolongación de ese desarrollo. Los circuitos neuronales que permanecen, los que se descartan y la organización de los circuitos restantes dependen de cómo vive e interactúa el bebé con la madre. Estas interacciones tempranas configuran en el niño un modelo de referencia para manejar sus emociones, pensamientos y conductas.

También es durante esta etapa cuando desarrollamos un cerebro diseñado para la seguridad, la apertura y la vulnerabilidad, o uno concebido para la autoprotección, la actitud defensiva y la hipervigilancia. Los estudios demuestran que los niños que han estado expuestos a un cuidado inseguro e impredecible, entre el nacimiento y los veinticuatro meses, pueden experimentar efectos persistentes y graves en su comportamiento y neurodesarrollo[14].

La capacidad de nuestra madre para sintonizar con nosotros en este periodo tan delicado, para intuir lo que necesitamos y consolarnos, es un elemento fundamental de este proceso. En esencia, es ella quien instala el *software* de nuestro bienestar... o de nuestra falta de bienestar.

Cuando una madre porta consigo un trauma heredado, o cuando ha vivido un evento traumático, como la ruptura del vínculo con su propia madre, aumenta la probabilidad de que se deteriore el frágil lazo que está creando con su bebé. Las repercusiones de una ruptura temprana del vínculo madre-hijo (una larga estancia en el hospital, unas vacaciones en un momento inoportuno o una separación prolongada) pueden ser devastadoras para el niño. Este pierde de pronto la familiaridad profunda y asimilada del olor de la madre, de su tacto, sonido y gusto, todo lo que ha llegado a conocer y en lo que confía.

«La madre y el hijo viven en un estado biológico que tiene mucho en común con las adicciones —afirma Winifred Gallagher, autora especializada en ciencias del comportamiento—. Cuando se separan, el recién nacido no solo echa de menos a la madre, sino que sufre una abstinencia física y psicológica que no es muy distinta de la que padece el heroinómano al que se priva de la droga bruscamente»[15]. Esta analogía sirve para explicarnos mejor por qué protestan con tanta energía todos los mamíferos recién nacidos, incluidos los humanos, cuando se los separa de sus madres. Para el recién nacido, dicha separación puede percibirse como una situación de peligro para la vida[16]. Si deseas más información acerca de la investigación sobre el trauma de apego, tanto en ratones como en humanos, puedes consultar la primera parte de *Este dolor no es mío*.

## EL ÚTERO TURBULENTO

Podemos conocer la historia de lo que ocurrió antes, durante o después de nuestro nacimiento, pero casi nunca conservamos recuerdos conscientes de esa etapa. Lo más probable es que los recuerdos somáticos formados durante ese periodo permanezcan enquistados en nuestro cuerpo, lo que a menudo crea un amasijo de sentimientos confusos o inquietantes.

Si nuestra madre estaba estresada durante el embarazo, es probable que nos hayamos gestado en un útero impregnado de cortisol y otras sustancias generadas por sus emociones agitadas. ¿Qué sentimientos la acompañaban entonces? ¿Qué pensamientos pasaban por su cabeza? ¿Se quedó embarazada sin estar casada? ¿Estaba asustada o avergonzada? ¿Se sentía sola? ¿Contaba con el apoyo de nuestro padre o se sentía rechazada por él? ¿Quería siquiera estar con él? ¿Recibía el respaldo de sus propios padres? ¿Tuvo que abandonar la escuela o dejar su casa? ¿Se vio obligada a renunciar a su trabajo? ¿Debió posponer sus sueños?

Estábamos allí. Tal vez no de forma consciente, pero sí con una percepción somática de los cambios que se producían en su vientre. Lo que le ocurría a ella, nos ocurría a nosotros.

La ciencia de la embriología lo corrobora. Nuestro corazón físico se forma en las primeras semanas de embarazo, al igual que el tubo neural y el surco neural, lo que se convertirá en nuestro sistema nervioso. Con el corazón ya latiendo y el sistema nervioso en marcha, éramos conscientes, en cierto modo, de lo que nos rodeaba y percibíamos el mundo caótico a nuestro alrededor.

El mundo de nuestra madre —sus miedos, sus pensamientos, sus emociones— también era nuestro mundo. Si nuestra madre pasó por una etapa complicada mientras nos llevaba en su vientre, nosotros habremos percibido su malestar como un trauma.

Por ejemplo, si pensó en abortar o en darnos en adopción, habremos sentido la energía de ese pensamiento: «No puedo quedarme contigo». Habremos notado sus emociones turbulentas. Su ira, su vergüenza, su frustración…, todo ello habrá intervenido en nuestra formación. Es posible que los restos de esas emociones aún vivan dentro de nuestro cuerpo.

**Por eso, debemos prestar especial atención a cómo responde nuestro cuerpo en las relaciones, sobre todo en las románticas. Nuestra primera relación con la madre se convierte en el molde de nuestras relaciones íntimas. ¿Confiamos con facilidad? ¿Nos sentimos acompañados? ¿Seguimos creando escenarios en los que acabamos sintiéndonos abandonados o rechazados?**

El apoyo que nuestra madre recibe de su pareja durante el embarazo es también fundamental para nuestro desarrollo. Si nuestra madre atravesaba dificultades en su relación con nuestro padre, lidiaba con las adicciones de él o con las suyas propias, sospechaba de infidelidades, se angustiaba por el dinero, no sabía dónde iba a vivir o temía no poder protegerse a sí misma ni a nosotros, todo ello acaso generara una experiencia traumática en el útero, cuyos efectos pueden perdurar durante generaciones.

Un útero turbulento suele dar lugar a un feto hipervigilante y excesivamente ansioso, que ya empieza a aprender de forma epigenética a adaptarse al estrés, elaborando estrategias para evitar el dolor. Estas estrategias no solo se forjan en el útero, sino que siguen perfeccionándose durante la infancia y la niñez.

¿De qué manera continúas hoy en día diseñando estrategias para evitar el dolor en tu vida?

Estas son algunas de las estrategias más habituales que utilizamos para esquivar el dolor, llamar la atención, pasar desapercibidos o, en definitiva, controlar nuestro entorno.

**Me vuelvo:**

- ☐ resolutivo
- ☐ capaz
- ☐ muy inteligente
- ☐ autosuficiente
- ☐ extremadamente independiente
- ☐ complaciente
- ☐ deseoso de agradar a todo el mundo

- ☐ generoso
- ☐ cuidador
- ☐ evasivo ante los conflictos
- ☐ agresivo
- ☐ controlador
- ☐ vanidoso
- ☐ invisible

*¿Cómo pueden estas estrategias repercutir actualmente en tus relaciones, tu carrera profesional, tu salud o tu vitalidad?*

.............................................................................................................................

.............................................................................................................................

.............................................................................................................................

Enumera en el siguiente cuadro algunas de las estrategias que has desarrollado y sus efectos en tu vida, tu profesión, tu salud, tus relaciones y otras áreas importantes para ti.

| ESTRATEGIA | EFECTO EN TU TRABAJO | EFECTO EN TUS RELACIONES | EFECTO EN TU SALUD | EFECTO EN _____ | EFECTO EN _____ |
|---|---|---|---|---|---|
|  |  |  |  |  |  |
|  |  |  |  |  |  |
|  |  |  |  |  |  |
|  |  |  |  |  |  |

Para cada una de las estrategias que identificaste antes, piensa ahora en las personas con quienes las empleas, en los comportamientos que notas en ti mismo y en lo que pierdes al actuar de esta manera (por ejemplo, energía, límites, autenticidad y conexión con los demás).

| ESTRATEGIA | PERSONAS | COMPORTAMIENTOS | LO QUE PIERDO |
|---|---|---|---|
|  |  |  |  |
|  |  |  |  |
|  |  |  |  |
|  |  |  |  |

Si atravesamos dificultades durante la gestación o el parto, o si de bebés no recibimos los cuidados y la atención necesarios, no todo está perdido. Por suerte, un vínculo roto con nuestra madre puede repararse en cualquier momento de la vida.

Sanar la ruptura consiste, ante todo, en volver a conectar con nosotros mismos, con esa parte infantil que se sentía sola y desatendida, o que nos decía que teníamos que ser fuertes, capaces y autosuficientes para sobrevivir.

# TIPOS DE SEPARACIONES QUE PROVOCAN UNA RUPTURA DEL VÍNCULO

Aunque la gran mayoría de las mujeres se plantean la maternidad con las mejores intenciones, se dan situaciones que la madre no puede controlar y que pueden conducir a separaciones tempranas inevitables entre su hijo y ella. Algunas de estas separaciones tienen un carácter físico. Aparte de una posible entrega en adopción, hay otros hechos que implican una separación larga, como son las complicaciones de un parto (un feto que se queda sin oxígeno por el cordón umbilical, un parto prolongado, una estancia en incubadora, o una madre o un bebé en situación de urgencia médica), las enfermedades e ingresos en hospitales, los viajes por trabajo o vacaciones, todos ellos factores que pueden poner en peligro el vínculo que se está desarrollando.

*¿Sabes si, de pequeño, experimentaste alguna separación física con respecto a tu madre? De ser así, ¿qué ocurrió?*

.................................................................................................................................

.................................................................................................................................

.................................................................................................................................

.................................................................................................................................

.................................................................................................................................

Las desconexiones emocionales pueden tener un efecto similar. De niños, necesitamos la presencia emocional y energética de nuestra madre tanto como su presencia física. Cuando la madre está físicamente cerca del niño, pero solo le presta una atención y una dedicación esporádicas, el niño no se siente a salvo ni seguro. Cuando nuestra madre vive un hecho traumático (como puede ser una enfermedad, un aborto o la pérdida de un hijo, de un padre, de su pareja o de su hogar), puede apartar de nosotros su atención. Nosotros, a nuestra vez, vivimos el trauma de haberla perdido a ella. Si nuestra madre era emocionalmente fría o demasiado racional, incapaz de acompañar la intensidad de nuestras emociones —ya fuera nuestra alegría desbordante, nuestro miedo o nuestro dolor—, esa falta de sintonía entre lo que sentíamos y lo que ella reflejaba podía fracturar el frágil vínculo que se estaba formando entre nosotros.

*¿Recuerdas haber sentido en tu infancia algún tipo de distanciamiento emocional con tu madre? Si es así, describe cómo lo viviste.*

..................................................................................................................................................

..................................................................................................................................................

..................................................................................................................................................

..................................................................................................................................................

..................................................................................................................................................

Las desconexiones entre la madre y el hijo, como acabamos de ver, también se producen en el seno materno. Los niveles elevados de miedo, de ansiedad o de depresión, una relación de pareja estresante, la muerte de un ser querido, una actitud negativa respecto del embarazo, un aborto involuntario anterior o el miedo a perder el bebé pueden cortar la sintonía de la madre con el niño que se está desarrollando en su vientre.

*Con la información de la que dispongas, intenta describir qué le pasó a tu madre mientras estaba embarazada de ti (sobre todo, si tuvo miedo, ansiedad, depresión, estrés, etc.).*

..................................................................................................................................................

..................................................................................................................................................

..................................................................................................................................................

..................................................................................................................................................

..................................................................................................................................................

Las desconexiones también pueden heredarse. Las madres suelen transmitir la forma de ejercer la maternidad que ellas mismas recibieron. Si nuestra madre sufrió una ruptura del vínculo con la suya, ese trauma puede afectar, en cierta medida, a la manera en que desempeña su propia maternidad. Incluso si nuestra madre consiguió darnos los cuidados que necesitábamos, aún sería posible que heredáramos los efectos de la ruptura del vínculo a través de su óvulo —o, por medio del espermatozoide, los de la ruptura experimentada por nuestro padre—. Podríamos revivir sus miedos, sus terrores y sus ansiedades, y sentir sus respuestas de lucha, huida o bloqueo como si fueran propias. Si retrocedemos una o dos generaciones, tal vez encontremos que ya entonces se habían producido quiebras en el lazo maternofilial.

*En el diagrama de la página siguiente, junto a «tu abuela», anota los traumas que ella haya vivido (cuando era feto, bebé, niña pequeña o en la primera infancia, si los conoces), traumas que hayan podido afectar a su vínculo con su madre. Haz esto también con tu madre y contigo mismo.*

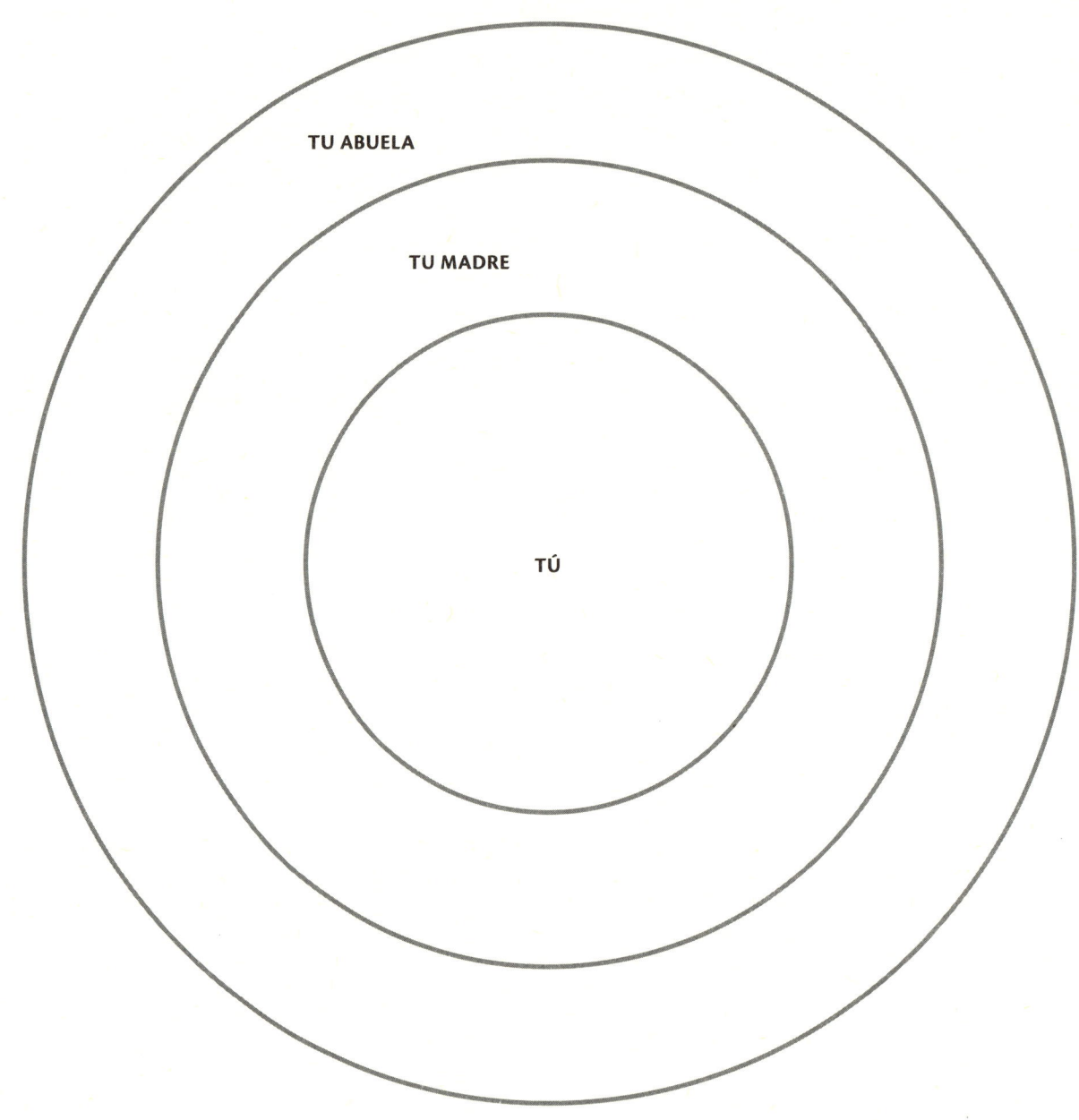

TU ABUELA

TU MADRE

TÚ

*¿Qué patrones observas?*

..................................................................................................................

..................................................................................................................

..................................................................................................................

*¿Qué generación pudo haber experimentado una ruptura del vínculo madre-hijo?*
*¿Qué ha ocurrido?*

..................................................................................................................

..................................................................................................................

..................................................................................................................

*¿Quién en vuestra familia atravesó el trauma de apego más fuerte?*

..................................................................................................................

*¿El trauma de una generación afectó a las conductas de la siguiente? Si es así, explícalo.*

..................................................................................................................

..................................................................................................................

..................................................................................................................

*¿Podrías estar experimentando la respuesta al trauma de tu madre o de tu abuela? En caso afirmativo, explícalo con más detalle.*

.......................................................................................................................................................

.......................................................................................................................................................

.......................................................................................................................................................

## POR QUÉ EL TRAUMA DE APEGO
## PUEDE PASAR DESAPERCIBIDO

Cuando hemos experimentado una ruptura del vínculo con nuestra madre, los efectos pueden ser devastadores. Y, sin embargo, es fácil pasarlos por alto.

**El trauma suele producirse antes de que seamos capaces de formar recuerdos.** Es posible que hayas crecido en un hogar cálido y afectuoso con padres atentos y, a pesar de ello, te enfrentes a síntomas inexplicables, como ansiedad, depresión, problemas para relacionarte o la sensación de que algo no va bien. ¿Por qué ibas a creer que has vivido un trauma si no conservas ningún recuerdo de ello?

Dado que no empezamos a retener recuerdos hasta los tres años de edad, aproximadamente, no recordamos con claridad los cuidados de nuestra madre mientras estábamos en el útero ni durante los primeros años de vida, cuando el cerebro se va configurando hacia la seguridad o hacia la hipervigilancia. Por ejemplo, si estuvimos en la incubadora, si nuestra madre nos dejó con la abuela porque estaba estresada o tenía que trabajar, si nuestros padres se separaron, si ella sufrió depresión posparto o si tuvo un aborto espontáneo antes de que naciéramos. No sabríamos nada de todo eso a menos que alguien nos lo contara.

**El trauma tiende a ser acumulativo.** El trauma de apego no suele originarse por uno o dos descuidos breves. Nuestra naturaleza es resiliente y tenemos capacidad para sobreponernos. Es poco realista esperar que una madre esté perfectamente sintonizada con su hijo todo el tiempo. Los psicólogos Donald Winnicott y Edward Tronick señalan que basta con que la sintonía responda a las necesidades emocionales del bebé en torno al 30 por ciento de las veces para que este se sienta seguro[17]. Las interrupciones son inevitables. Cuando ocurren, el proceso de reparación puede convertirse en una experiencia positiva de crecimiento, que brinda a la madre y al niño la oportunidad de aprender a atravesar momentos puntuales de malestar para luego buscarse y volver a conectarse. Lo importante es que se produzca la reparación. Si una relación se repara de manera repetida, se genera confianza y capacidad de resiliencia, lo que favorece la construcción de un vínculo de apego seguro entre la madre y el niño[18].

Sin embargo, cuando los descuidos son demasiados o continuos y nunca se reparan, pueden romper el vínculo. Quizá nuestra madre no era feliz en su relación. Tal vez, acorralada por el embarazo, se vio forzada a casarse. Es posible que sintiera que la maternidad la obligaba a renunciar a sus sueños. Todas estas circunstancias, entre otras, pudieron ir erosionando su capacidad de estar en sintonía, muchas veces sin que ella tuviera la culpa. Esta situación es difícil de definir, pues no existe una cifra exacta que permita determinar cuántos descuidos pueden considerarse «demasiados» ni a partir de qué momento una ruptura de sintonía resulta «demasiado larga».

**El trauma puede producirse en cualquier momento durante nuestra primera década de vida.** Aunque es cierto que nuestro cerebro se desarrolla a un ritmo vertiginoso en el útero y en los primeros años de vida, sigue haciéndolo de manera asombrosa durante toda la primera década y también después. Si en esos primeros diez años nos separamos muchas veces de nuestra madre, tanto física como emocionalmente, es posible que se produzca una fractura del vínculo.

He aquí algunos ejemplos:

- ▶ Tu madre estuvo ingresada durante unas semanas cuando tenías siete años.
- ▶ A los ocho años de edad estuviste en el hospital durante un mes debido a una enfermedad grave.
- ▶ Tus padres se divorciaron cuando tenías cinco años, y desde entonces viviste la mitad del tiempo con tu padre y la otra mitad con tu madre.
- ▶ A partir de los tres años de edad, empezaste a pasar todos los veranos con tus abuelos.

**Podemos heredar el trauma de apego de nuestros padres a través del óvulo o del espermatozoide.** Como ya vimos antes, incluso si tuvimos una relación lo «suficientemente buena» con nuestra madre, aún podemos heredar de ella o de nuestro padre las respuestas de lucha, huida o bloqueo derivadas de la ruptura del vínculo con su propia madre. Y para nosotros seguirá siendo un misterio la razón de por qué nos sentimos como nos sentimos. Si, por ejemplo, nuestros padres vivieron una separación traumática, ya sea porque perdieron a su madre, los entregaron a parientes o a otra familia, o pasaron por un hogar de acogida, podemos heredar sus emociones y sensaciones sin llegar a darnos cuenta de que compartimos el sistema nervioso familiar.

A la vista de todo esto, quizá te estés preguntando por qué no todos desarrollamos un trauma de apego. A decir verdad, muchas personas lo sufrimos y ni siquiera somos conscientes de ello. La buena noticia es que el género humano es, por naturaleza, resiliente; la mayoría de quienes hemos pasado por una ruptura del vínculo con nuestra madre recibimos lo suficiente de cuanto necesitábamos, incluso con déficits.

No hay reglas tajantes que determinen qué conductas generan trauma y cuáles no. A menudo, el trauma solo se hace visible a través de sus efectos, por lo que resulta fundamental explorar nuestras experiencias difíciles y nuestra historia personal. Incluso cuando el vínculo con nuestra madre está relativamente intacto, es posible que lidiemos con emociones que no comprendemos. Tal vez luchemos contra el miedo a que nos dejen, a que nos rechacen o a que nos abandonen; acaso nos sintamos expuestos, humillados o avergonzados y creamos que no somos suficientes o que podemos resultar excesivos; quizá pensemos que no contamos para nada o que no somos importantes.

Sin embargo, cuando comprendemos estas emociones en el contexto de nuestra primera relación con nuestra madre, probablemente en una etapa que no recordamos, podemos ser más conscientes de lo que nos faltó y de lo que necesitamos para sanar.

## MIS CREENCIAS SOBRE MÍ MISMO

Si sospechas que has sufrido un trauma de apego, veamos algunos de los sentimientos, emociones, pensamientos y creencias que tal vez albergas con respecto a ti mismo.

¿Hay situaciones en las que te da la sensación de que no eres suficiente? ¿Momentos en los que te sientes invisible, menospreciado o ignorado? Quizá te parezca que no te ven, que no te escuchan o que no te entienden. Puede que tengas la impresión de que tu presencia no cuenta, de que no eres importante. Tal vez creas que nunca das la talla y que, si hablas o muestras lo que sientes, resultarás excesivo. Es posible que pienses que hay algo en ti que falla y que por eso acabarás siendo juzgado, humillado, rechazado o incluso abandonado. Quizá te asuste la posibilidad de quedarte solo y que nadie te quiera.

*¿Reconoces alguno de estos pensamientos, emociones o creencias?*
*De ser así, escríbelos aquí.*

.................................................................................................................................

.................................................................................................................................

.................................................................................................................................

LO QUE CREO SOBRE MÍ

## EJERCICIO

## ¿CÓMO ME SIENTO EN LAS RELACIONES?

Tal y como mencioné antes, tendemos a proyectar en la pareja aquello que no llegó a resolverse en la relación inicial con nuestra madre; por eso acabamos experimentando las mismas emociones en ambos vínculos.

Piensa en tu relación de pareja actual. Si no tienes una ahora mismo, recuerda la más reciente.

*En el seno de esa relación, ¿te resultó fácil confiar? ¿Te sentiste apoyado? ¿Te tomaron en cuenta? ¿Te escucharon? ¿O, más bien, te sentiste invisible, como si no fueras una prioridad, como si no valieras, como si no fueras importante? Describe tu experiencia.*

........................................................................................................................

........................................................................................................................

........................................................................................................................

........................................................................................................................

........................................................................................................................

*¿Cómo vives la manera en que tu pareja se comporta contigo?*

........................................................................................................................

........................................................................................................................

........................................................................................................................

## ¿QUÉ SUCEDIÓ?

En el próximo capítulo, profundizaremos en la ruptura del vínculo. Pero, antes de continuar, me gustaría formularte una pregunta: ¿qué de lo sucedido en tu relación temprana con tu madre —o en tu historia familiar— pudo, según crees, haber alterado el vínculo entre ella y tú?

..............................................................................................................................

..............................................................................................................................

..............................................................................................................................

..............................................................................................................................

Si no se te ocurre nada, plantéate estas preguntas:

*¿Qué sabes sobre el periodo en que tu madre estuvo embarazada de ti?*

- ► ¿Se sentía feliz con tu padre?

- ► Y él, ¿estaba feliz con ella?

- ► ¿Deseaba ser madre?

- ► ¿Perdió un hijo o sufrió un aborto antes de tu llegada?

- ► ¿Tus padres estaban casados cuando te concibieron?

- ► ¿Hubo alcohol de por medio, infidelidades o intentos de dejar la relación?

- ► ¿El embarazo transcurrió con normalidad?

........................................................................................

........................................................................................

........................................................................................

........................................................................................

**¿Qué sabes de tus primeros años de vida?**

- ▶ ¿Os pasó algo a tu madre o a ti que os separara física o emocionalmente?

- ▶ ¿Se sintió tu madre abrumada o muy estresada?

- ▶ ¿Padeció depresión posparto?

- ▶ ¿Estuviste hospitalizado durante este periodo? ¿Lo estuvo ella?

- ▶ ¿Pasaste días, semanas, meses o incluso años lejos de tu madre?

- ▶ ¿Tus padres siguieron juntos?

........................................................................................

........................................................................................

........................................................................................

........................................................................................

**¿Cómo fue tu infancia?**

- ▶ ¿Tus padres se llevaban bien o en tu casa predominaba el caos?

- ▶ ¿Tu madre dirigía su atención hacia otras cosas en lugar de prestártela a ti?

- ▶ ¿Tenías algún hermano que requiriera su atención constante?

▶ ¿Tu madre viajó, se tomó unas vacaciones largas o tuvo que estar fuera de casa durante un periodo de tiempo prolongado?

.................................................................................................

.................................................................................................

.................................................................................................

.................................................................................................

A fin de responder bien a estas preguntas, tal vez quieras dejar pasar uno o dos días para que afloren a la superficie más pensamientos y recuerdos.

Solemos considerar que cuanto más vívido y emotivo es un recuerdo, más traumático resulta; sin embargo, en el caso del trauma de apego, puede ocurrir lo contrario. Este tipo de experiencias, ya hayas vivido una o más de ellas, podrían haber afectado a tu sistema nervioso y alterado tu sensación de bienestar, aunque no las recuerdes ni te susciten una reacción emocional. Si sentiste que tu madre no te veía, no te reconocía o no encontraba la manera de consolarte, probablemente eso te provocara un trauma de apego.

Aunque no hayas sufrido un trauma con tu madre, como he mencionado antes, podrías haber heredado los fragmentos de expresión genética de una ruptura del vínculo entre tus padres o abuelos y sus respectivas madres.

▶ ¿Recuerdas alguna historia familiar sobre algo doloroso o traumático que les ocurriera a tus padres o abuelos en la infancia y que pudiera haber marcado su relación con sus madres? ¿Alguno de ellos pasó un tiempo separado de su madre cuando era pequeño?

▶ ¿Fueron adoptados?

▶ ¿En algún momento pasaron por una casa de acogida?

▶ ¿Tu abuela o bisabuela falleció durante el parto?

▶ ¿Alguno de tus padres o abuelos se sintió desconectado emocionalmente de su madre?

...............................................................................................................

...............................................................................................................

...............................................................................................................

...............................................................................................................

...............................................................................................................

Ahora relee lo que has escrito. ¿Crees que hubo una ruptura del vínculo con tu madre, o un quiebre en el lazo familiar que terminó llegando hasta ti? Antes de seguir avanzando, te sugiero que te tomes uno o dos días para reflexionar sobre ello. Cuando estés listo, retomaremos el camino y profundizaremos en los cuatro temas inconscientes.

# CAPÍTULO 3

# LOS CUATRO TEMAS INCONSCIENTES

**V**eamos ahora cómo las relaciones familiares inconscientes** pueden limitar nuestra capacidad de prosperar en la vida. He descubierto que hay cuatro temas que operan bajo la superficie y que pueden causar sufrimiento:

1. Nos hemos fusionado con un progenitor.

2. Hemos rechazado a un progenitor.

3. Hemos vivido una ruptura temprana del vínculo con nuestra madre.

4. Nos hemos identificado con un miembro de nuestro sistema familiar distinto de nuestros padres.

Estos cuatro temas inconscientes representan cuatro formas de obstaculizar el avance de la vida: cuatro formas de disminuir el éxito, la salud, la vitalidad y las relaciones. Utilizo estos temas como herramientas para decidir cuál es el mejor modo de ayudar a mis pacientes.

Tú también puedes emplear estos temas de la misma manera. Empecemos.

# 1.

## ¿TE HAS FUSIONADO CON UN PROGENITOR?

Cuando nos fusionamos con uno de nuestros progenitores, compartimos inconscientemente un aspecto de su vida, que en muchos casos suele ser negativo —algo que sufrió o una desgracia que padeció—, y lo hacemos como una forma inconsciente de establecer un vínculo con él.

Por ejemplo, si uno de nuestros padres tiene una salud frágil o padece obesidad mórbida, podemos reproducir esa situación al descuidarnos: fumamos, bebemos en exceso, comemos de más o evitamos hacer ejercicio. Si uno de nuestros padres fue maltratado por el otro, podemos repetir esa dinámica aceptando el maltrato en nuestra pareja o ejerciéndolo de forma similar. Del mismo modo, si un progenitor entregó a un hijo en adopción o perdió la custodia, podemos terminar interrumpiendo un embarazo o rompiendo el vínculo con nuestro propio hijo.

### Cuatro formas de fusionarse

► **Te seguiré.** En este tipo de dinámica, un hijo puede intentar adelantarse a la muerte para reunirse con su padre o madre que ha fallecido, lo que seguramente lo lleve a adoptar conductas de riesgo, como consumir drogas, conducir de forma temeraria, practicar deportes extremos u otras maneras peligrosas de jugarse la vida.

► **Llevaré la carga contigo.** Según esta dinámica, es posible que un hijo reproduzca la desgracia de uno de sus padres: si este fue maltratado en su relación, perdió a su gran amor, se refugió en el alcohol, fracasó económicamente o tuvo una vida marcada por la mala salud, es probable que el hijo repita el mismo patrón.

► **Lo haré por ti.** Aquí el hijo asume las emociones que el padre no logró procesar: «Si no puedes llorar lo que te pasó, lo haré yo por los dos», o

«Si eres infeliz y deseas morir, yo me volveré depresivo, anoréxico o incluso querré quitarme la vida».

► **Yo pagaré por ti.** En este caso, el hijo asume de forma inconsciente una culpa heredada: «Iré a prisión, me quitaré la vida o enfermaré como castigo por lo que hiciste».

## EJERCICIO

## ¿ME HE FUSIONADO CON MI PROGENITOR?

¿Crees que te has fusionado con las emociones, conductas o vivencias de alguno de tus padres? Tómate un tiempo para reflexionar sobre las siguientes preguntas. No te limites a responder con un «sí» o un «no»; escribe todos tus pensamientos y sentimientos sobre lo que has experimentado.

*¿Alguno de tus padres atravesó dificultades físicas o emocionales? ¿En qué sentido?*

.................................................................................................................................

.................................................................................................................................

.................................................................................................................................

*¿Notas que tú también enfrentas algo parecido en tu vida? De ser así, explícalo con más detalle.*

.................................................................................................................................

.................................................................................................................................

.................................................................................................................................

*¿Te dolía ver sufrir a tus padres? ¿Querías librarlos de ese tormento? ¿Lo intentaste?*
*Si es así, ¿cómo lo hiciste?*

..................................................................................................................

..................................................................................................................

..................................................................................................................

*¿Tomaste alguna vez partido por los sentimientos de uno de tus progenitores, en contra*
*de los del otro? De ser así, ¿de qué forma lo hiciste?*

..................................................................................................................

..................................................................................................................

..................................................................................................................

*¿Tenías miedo de expresar tu amor a uno de ellos y, con eso, hacer daño al otro?*
*¿En qué sentido?*

..................................................................................................................

..................................................................................................................

..................................................................................................................

*¿Cómo experimentas en tu vida el dolor de tus padres?*

..................................................................................................................

..................................................................................................................

..................................................................................................................

# 2.

## ¿HAS RECHAZADO A ALGUNO DE TUS PROGENITORES?

Nuestra vida, nuestra propia existencia, nos llega a través de nuestros padres. Sin embargo, esa fuerza vital, la energía que nos anima, puede bloquearse cuando rechazamos, juzgamos, culpamos o nos distanciamos de uno de nuestros progenitores o de ambos. Quizá no seamos conscientes de ello, pero rechazar a un padre es como rechazar una parte de nosotros mismos.

Veamos si este también es tu caso. Conecta con la energía que te une a tus padres, con la forma en que les abres el corazón o les impides entrar en él.

## PRÁCTICA

## Sentir el flujo

Tómate un minuto para sentir la conexión o la desconexión con respecto a tus padres. Más allá de la historia que conozcas sobre ellos, percibe la relación y fíjate cómo esta afecta físicamente a tu cuerpo.

Imagínate a tus padres biológicos delante de ti. Si nunca los has conocido o no puedes visualizarlos, permítete sentir su presencia. Retén la imagen y pregúntate lo siguiente:

- ¿Les doy la bienvenida o los excluyo?

- ¿Siento que me acogen?

- ¿Percibo a uno de manera diferente al otro?

- Cuando pienso en ellos, ¿mi cuerpo está relajado o tenso?

- Si de ellos fluyera una fuerza vital hacia mí, ¿cuánto de ese flujo me llegaría realmente?

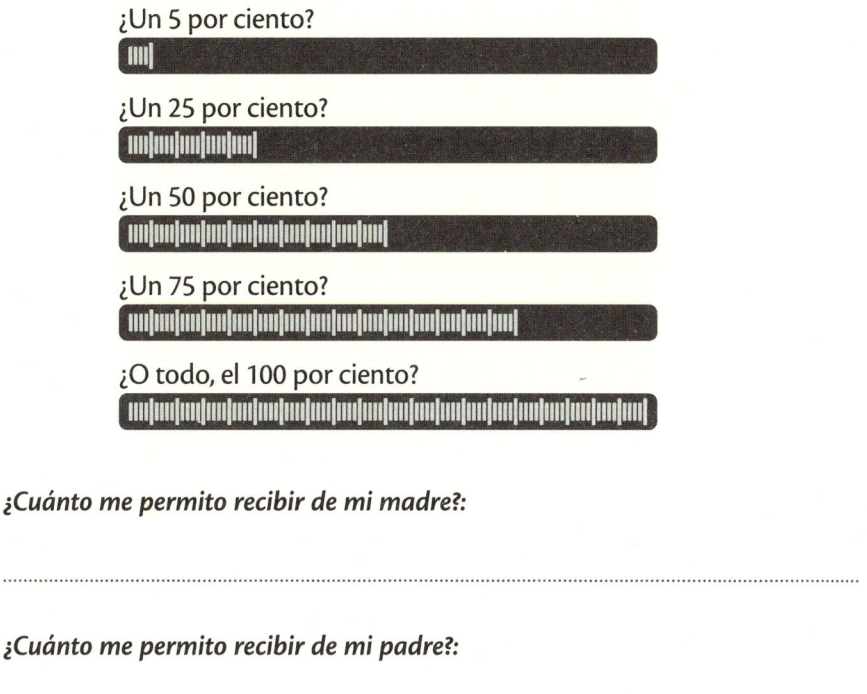

¿Un 5 por ciento?

¿Un 25 por ciento?

¿Un 50 por ciento?

¿Un 75 por ciento?

¿O todo, el 100 por ciento?

*¿Cuánto me permito recibir de mi madre?:*

.....................................................................................................................................................

*¿Cuánto me permito recibir de mi padre?:*

.....................................................................................................................................................

Cuando rechazamos a uno de nuestros progenitores —a cualquiera de los dos—, ese rechazo puede manifestarse de manera inconsciente en nosotros de tres formas distintas:

▶ **Rechazamos una parte de nosotros mismos.** No reconocemos en nosotros aquellos comportamientos que, en el caso de nuestros padres, consideramos desagradables y negativos, comportamientos que, por tanto, pueden manifestarse de forma inconsciente. Estamos ciegos ante el hecho de que esas conductas también se encuentran presentes en nosotros y no vemos que actuamos igual. Rara vez admitimos que, cuando nos mostramos fríos o crueles, o cuando nos volvemos distantes o agresivos, estamos repitiendo lo mismo que criticamos en los demás.

► **La relación no sanada con nuestro padre o con nuestra madre se proyecta en los demás.** Las parejas que atraemos cuentan con rasgos similares a los de nuestros padres y nos tratan de la misma manera; o, por el contrario, nos unimos a parejas afectuosas que, sin embargo, percibimos como distantes o poco cariñosas. Interpretamos sus acciones de la manera más negativa posible. Con nuestra hipervigilancia y falta de confianza, podemos llegar a convertir a una buena pareja en una mala.

► **Nos hacemos a nosotros mismos exactamente lo que creemos que nos hicieron.** Si nuestros progenitores fueron críticos o agresivos, podemos volvernos autocríticos y agresivos con nosotros mismos, por lo que tratamos a nuestro niño interior de la misma forma. Y si nos ignoraron, podemos acabar ignorando también esa parte nuestra, joven y vulnerable.

Al reconocer estas dinámicas, debemos preguntarnos: ¿hemos juzgado, culpado o rechazado a alguno de nuestros progenitores o nos hemos distanciado de uno de ellos? ¿Podemos acudir a uno en busca de consuelo, pero no al otro?

Es importante plantearse estas preguntas. Como verás más adelante, el lenguaje que utilizamos para describir a nuestros padres («Mi madre es egoísta, cruel y rencorosa») puede reflejar la forma en que nos relacionamos con nuestra pareja, con nuestros amigos, con nuestro jefe, con nuestros compañeros de trabajo e incluso con nosotros mismos.

## EJERCICIO

## ¿HE RECHAZADO A UN PROGENITOR?

Reflexiona sobre las siguientes preguntas. Recuerda que no se trata de contestar con un «sí» o un «no». Anota cualquier pensamiento, emoción o recuerdo que te venga a la cabeza.

*¿Rechazas, culpas o juzgas a uno de tus progenitores por algo que crees que te ha hecho?*

.......................................................................................................................................................

.......................................................................................................................................................

*¿Puedes acudir a uno de tus padres en busca de consuelo, pero no al otro?*

.......................................................................................................................................................

*¿Tratas a uno o a ambos con falta de respeto?*

.......................................................................................................................................................

*¿Has roto el vínculo con alguno de ellos?*

.......................................................................................................................................................

Piensa en las tres formas en las que el rechazo a uno de tus padres puede estar actuando de manera inconsciente en ti.

*¿Cómo reconoces en ti los comportamientos que ves en tus padres?*
*¿Cómo repites esos mismos patrones?*

| CONDUCTAS DE MIS PADRES | FORMAS EN QUE ACTÚO IGUAL |
|---|---|
| | |
| | |
| | |
| | |
| | |

*Escribe sobre tu relación de pareja actual o sobre la última que hayas tenido. ¿Cómo te trata/trataba? ¿Cómo tratas/tratabas a tu pareja? ¿Ves alguna similitud con la forma en que te trataban tus padres?*

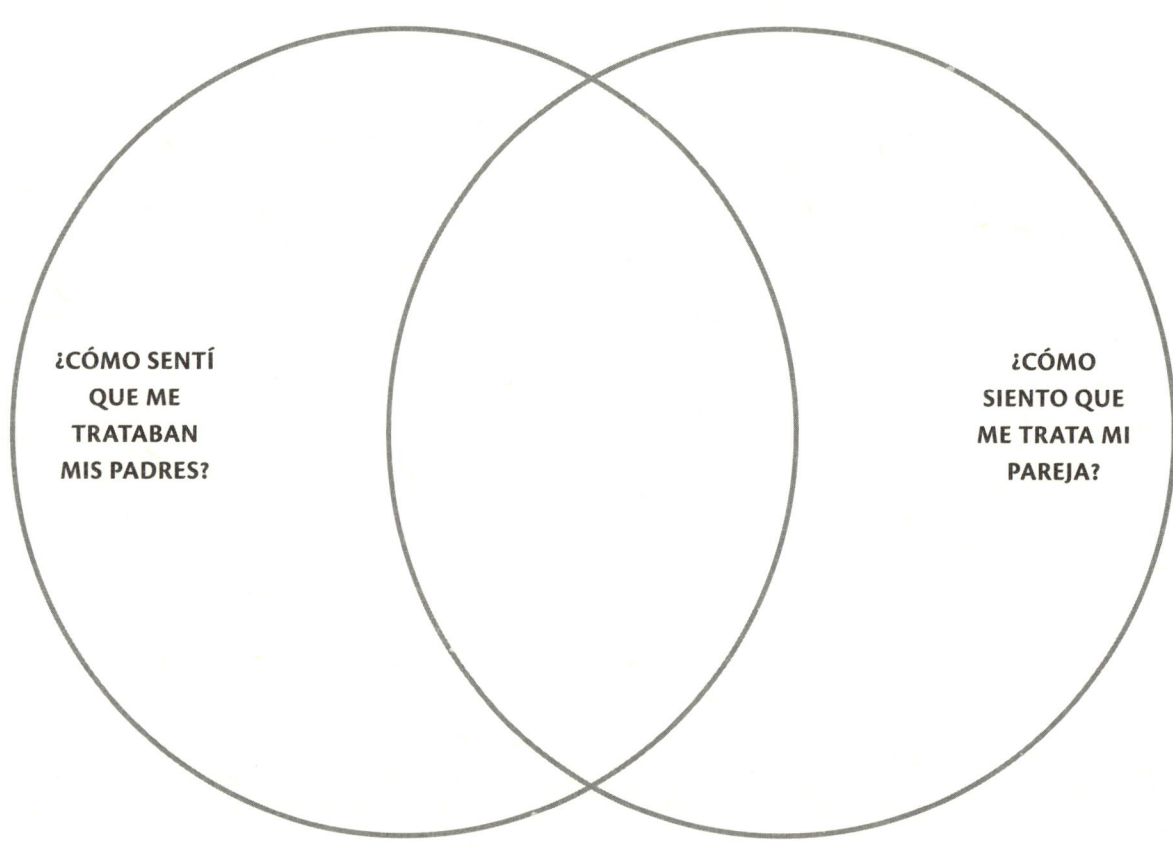

¿CÓMO SENTÍ QUE ME TRATABAN MIS PADRES?

¿CÓMO SIENTO QUE ME TRATA MI PAREJA?

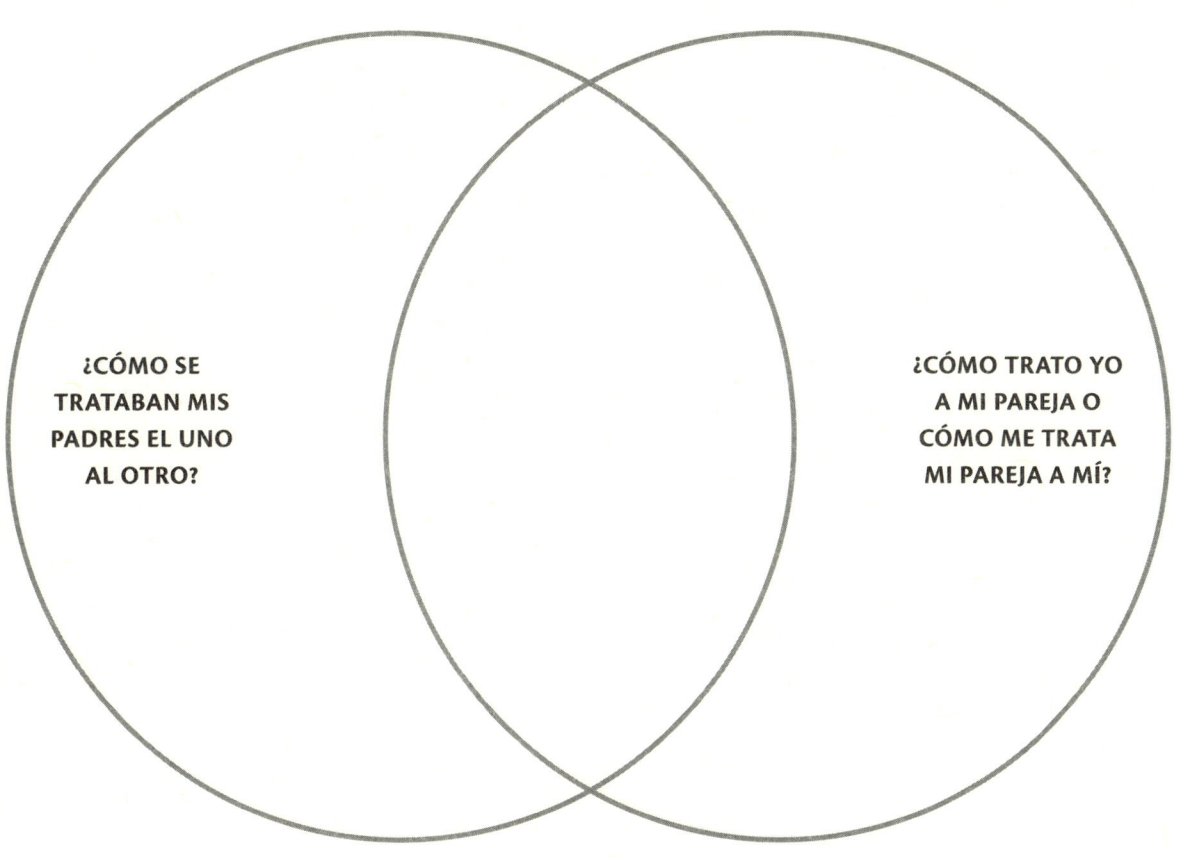

¿CÓMO SE TRATABAN MIS PADRES EL UNO AL OTRO?

¿CÓMO TRATO YO A MI PAREJA O CÓMO ME TRATA MI PAREJA A MÍ?

*¿De qué manera podrías estar tratándote tal como crees que te trataron tus padres? Por ejemplo, si sentiste que te ignoraban, ¿ignoras tú también a esa parte de ti que es joven y vulnerable?*

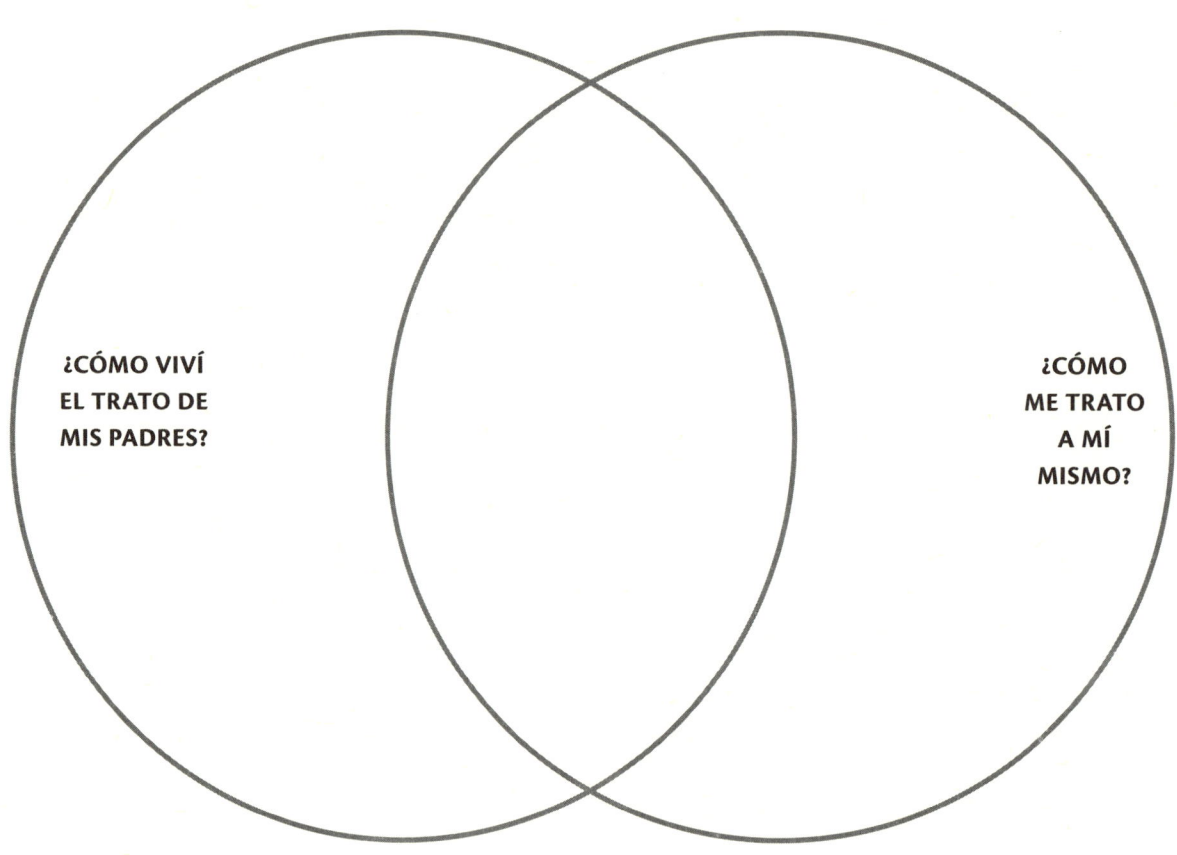

# 3.

## ¿HAS VIVIDO UNA RUPTURA TEMPRANA DEL VÍNCULO CON TU MADRE?

Si rechazas a tu madre, eso podría deberse a que tu proceso temprano de vinculación con ella quedara interrumpido. Sin embargo, no todas las personas que sufren una ruptura temprana del vínculo terminan rechazando a su madre. Lo más probable es que sientas cierto grado de ansiedad cuando intentas establecer un vínculo con la otra persona en una relación de pareja. Esa ansiedad podría traducirse en dificultades para confiar en tu pareja, para calmarte cuando algo te altera, para seguir en una relación, o incluso en la falta de deseo de tener este tipo de relaciones. También puede traducirse en tomar la decisión de no tener hijos. Tu explicación, a simple vista, puede ser la de que criar a un niño requiere demasiado tiempo y energía. Pero, a un nivel más profundo, puede que te sientas poco capacitado para dar a un hijo aquello que a ti te faltó.

 **EJERCICIO**

## ¿HE VIVIDO UNA RUPTURA TEMPRANA DEL VÍNCULO CON MI MADRE?

Puesto que una ruptura del vínculo suele producirse antes de que formemos recuerdos, ¿cómo podemos saber si la hemos sufrido? Ya has hecho lo más difícil. Repasa tus respuestas en el ejercicio «¿Qué sucedió?» del capítulo 2. Ahora voy a plantearte estas preguntas de nuevo. Si no tienes claras las respuestas, pregúntale a tu madre. Si no vive o no está dispuesta a hablar contigo sobre este tema, consulta a otro pariente (una tía, un tío, un primo, un amigo de la familia), alguien que pueda saber lo que ocurrió. A veces, movidas por la culpa o la vergüenza, las madres optan por no compartir ciertos acontecimientos incómodos.

► *¿Sucedió algo traumático mientras tu madre estaba embarazada de ti? ¿Se encontraba muy ansiosa, deprimida o estresada?*

........................................................................

► *¿Tus padres atravesaban dificultades en su relación durante el embarazo o en tus primeros años de vida? (Por ejemplo, dudas sobre si seguir juntos, maltrato, discusiones, separación, problemas con el alcohol, infidelidades…). ¿Tu madre entregó a un hijo en adopción, perdió a un hijo o tuvo un aborto antes de que tú nacieras?*

........................................................................

► *¿Tu nacimiento fue complicado? (¿Tu madre tuvo un parto prolongado? ¿Naciste prematuro o por cesárea? ¿Se usaron fórceps? ¿Tú o tu madre sufristeis alguna urgencia médica?).*

........................................................................

► *¿Tu madre presentó alguna complicación derivada del embarazo y tuvo que ser hospitalizada?*

........................................................................

► *¿Pasaste un tiempo en una incubadora o en la UCI neonatal?*

........................................................................

► *¿Te separaron de tu madre después del nacimiento?*

........................................................................

► *¿Fuiste adoptado?*

........................................................................

► *¿Tu madre tuvo depresión posparto?*

► *¿Sufriste un trauma o una separación de tu madre durante tu infancia o tu niñez? (¿Alguna vez estuvisteis tú o tu madre hospitalizados y os visteis obligados a estar separados? ¿Te dejaron tus padres para irse de vacaciones? ¿Te enviaron a casa de tus abuelos o de otros familiares)?*

► *¿Tu madre pasó por un trauma o una crisis emocional durante tu infancia o tus primeros años (como la pérdida de un padre, un abuelo, un hermano o un hijo, una separación o un divorcio, o algo similar)?*

► *¿La atención de tu madre se desvió hacia un trauma relacionado con alguno de tus hermanos cuando eras pequeño (un aborto tardío, una muerte fetal, un fallecimiento, una urgencia médica, o algo por el estilo)?*

► *¿Tu madre sufrió algún otro trauma que afectara a su capacidad para prestarte atención? ¿La sentías contigo o más bien absorta en sus propias preocupaciones?*

► *¿Tu madre parecía estar ausente cuando te tocaba? ¿En la forma en que te miraba? ¿En el tono de su voz cuando te hablaba?*

▶ *¿Tienes dificultades para establecer vínculos afectivos en una relación? ¿Te cierras, te alejas o rechazas la intimidad?*

.................................................................................................................

**Después de repasar todo esto, pregúntate: ¿qué vivencia tuya o de tu madre pudo haber generado una ruptura del vínculo de apego?**

.................................................................................................................

.................................................................................................................

.................................................................................................................

.................................................................................................................

# 4.

## ¿TE IDENTIFICASTE DE MANERA INCONSCIENTE CON UN MIEMBRO DE TU SISTEMA FAMILIAR DISTINTO DE TUS PADRES?

Sucede a veces que, aunque tenemos una relación fuerte y cariñosa con nuestros padres, portamos unos sentimientos difíciles que somos incapaces de explicar. Solemos dar por supuesto que el problema surge dentro de nosotros mismos y que terminaremos por descubrir su origen si profundizamos lo suficiente. Pero mientras no desvelemos el hecho concreto desencadenante en nuestra historia familiar, podemos estar reviviendo miedos y sentimientos que no nos pertenecen (fragmentos inconscientes de un trauma) y que, sin embargo, tomamos por nuestros.

El reconocido psicoterapeuta alemán Bert Hellinger denominó a este mecanismo *lealtad inconsciente* y lo consideró la causa de muchos sufrimientos en las familias. Hellinger enseña que toda persona tiene el mismo derecho a formar parte de un sistema familiar, del que no se puede excluir a nadie por ningún motivo. Forman parte del sistema el abuelo alcohólico que dejó arruinada a nuestra abuela, el hermano que nació muerto y dejó desconsolada a nuestra madre, y hasta el hijo del vecino al que nuestro padre mató por accidente al salir con el coche del garaje. Nuestro tío delincuente, la media hermana mayor de nuestra madre, la criatura que abortamos… todos ellos son miembros de nuestra familia. Y la lista es más larga.

Debemos incluir en ella hasta a las personas que no solemos contar en nuestro sistema familiar. Si alguien hizo daño a un miembro de nuestra familia, si se aprovechó de él o lo mató, debemos incluir a esa persona. Del mismo modo, si algún miembro de nuestra familia se aprovechó de otra persona, si le hizo daño o la mató, también es preciso que incluyamos a la víctima dentro de nuestro sistema familiar.

También están incluidas las parejas anteriores de nuestros padres y abuelos. Al morir, al marcharse o al romper, abrieron un espacio por el que nuestra madre o nuestro padre, nuestra abuela o nuestro abuelo pudieron entrar en el sistema, lo que permitió que naciésemos nosotros, a la larga.

Hellinger ha observado que, cuando a una persona se la rechaza o se la deja fuera del sistema familiar, puede suceder que otro miembro posterior del sistema represente a esa persona. La persona posterior puede compartir el destino de la anterior, o repetirlo, comportándose de manera similar al sujeto excluido o reiterando algún aspecto de los sufrimientos de este. Por ejemplo, si en tu familia se rechazó a tu abuelo porque bebía, jugaba y era mujeriego, es posible que uno o varios de sus descendientes adopten más tarde una o varias de estas conductas. El sufrimiento familiar prosigue de este modo en las generaciones sucesivas.

Cuando nos identificamos con un miembro de la familia al que se ha olvidado, odiado, rechazado o compadecido, podemos llegar a vivir, sentir o comportarnos como él, y repetir así aspectos de su experiencia traumática. Es más probable que adoptemos los rasgos de un familiar del que no se habla. Puede tratarse de una víctima, un agresor, un delincuente, un asesino, un alcohólico, un ser solitario, una persona del sexo opuesto, alguien que sufrió mucho, alguien a quien agraviaron o que agravió a otros, que murió antes de tiempo, que lloró una gran pérdida, etc.

 **EJERCICIO**

## ¿ME HE IDENTIFICADO DE FORMA INCONSCIENTE CON UN MIEMBRO DE MI SISTEMA FAMILIAR DISTINTO DE MIS PADRES?

¿Podrías estar sintiendo, actuando, sufriendo, expiando o llevando a cuestas el dolor de alguien que te precedió? Reflexiona sobre las siguientes preguntas. Escribe cualquier idea, emoción o historia que recuerdes sobre alguien anterior a ti que haya sido marginado, ignorado, odiado o mirado con lástima, como la oveja negra o el «malo» de la familia.

*¿Tienes síntomas, sentimientos o comportamientos que son difíciles de explicar en el contexto de tu historia personal?*

......................................................................................................................................

......................................................................................................................................

......................................................................................................................................

*¿Alguien hizo algo que provocó su rechazo dentro de la familia?*

......................................................................................................................................

......................................................................................................................................

......................................................................................................................................

*¿La culpa o el dolor impidieron que algún miembro de tu familia pudiera amar o afrontar un duelo de manera plena?*

..........................................................................................................................................

..........................................................................................................................................

..........................................................................................................................................

*¿Hubo en la familia algún trauma —como, por ejemplo, la muerte temprana de un progenitor, de un hijo o de un hermano; o tal vez un abandono, un asesinato, un crimen o un suicidio—, un hecho tan terrible, doloroso o vergonzoso que nadie podía hablar de él?*

..........................................................................................................................................

..........................................................................................................................................

..........................................................................................................................................

*¿Sería posible que, de llevar una vida parecida a la de la persona de la que nadie habla, estés vinculado a ese hecho? ¿Podrías estar conectado con quien experimentó ese dolor, esa pérdida o ese sufrimiento?*

..........................................................................................................................................

..........................................................................................................................................

..........................................................................................................................................

*¿Es posible que estés repitiendo el trauma de ese miembro de tu familia como si lo hubieras vivido tú?*

..........................................................................................................................................

..........................................................................................................................................

..........................................................................................................................................

| PENSAMIENTOS, SENTIMIENTOS, EMOCIONES, SÍNTOMAS Y COMPORTAMIENTOS QUE PARECEN ESTAR FUERA DE CONTEXTO EN MI VIDA | PERSONA(S) CON LA(S) QUE QUIZÁ ME IDENTIFICO | LO QUE LE(S) OCURRIÓ |
| --- | --- | --- |
|  |  |  |
|  |  |  |
|  |  |  |
|  |  |  |
|  |  |  |

## LA CONEXIÓN ENTRE HERMANOS

Si tienes hermanos, el hecho de compartir familia no significa que vayáis a cargar con el mismo trauma. Incluso los hijos de los mismos padres, criados en el mismo hogar y con una educación similar, suelen heredar traumas diferentes y tener destinos distintos. Por ejemplo, el primogénito suele cargar con lo que quedó sin resolver con el padre, y la primogénita con lo que quedó pendiente con la madre, aunque no siempre es así. También puede darse lo contrario. Es probable que los hijos nacidos después carguen con otros aspectos de los traumas de sus padres, o con elementos de los traumas de sus abuelos.

Por ejemplo, la hija mayor podría casarse con un hombre emocionalmente ausente y controlador —similar a la percepción que tiene de su propio padre— y, de ese modo, reproducir la misma dinámica que su madre. Al casarse con un hombre cerrado y controlador, repite la experiencia de su madre y se une a ella en su descontento. La segunda hija podría heredar la ira no expresada de su madre. Así, queda marcada por el mismo trauma, aunque manifiesta otra de sus facetas. Es posible que incluso rechace a su padre, algo que no ocurre con la primogénita. Podría suceder también que la tercera o la cuarta hija no se casen nunca por miedo a que un hombre al que no aman las controle.

En una ocasión trabajé con una familia libanesa que compartía una dinámica parecida. Al remontarnos a otra generación, descubrimos que las dos abuelas libanesas habían sido entregadas en matrimonio por sus padres cuando aún eran niñas: una a los nueve años y la otra a los doce. Dos de las hermanas libanesas repitieron este patrón en sus relaciones, en conexión con la experiencia de sus abuelas, que se habían visto obligadas a casarse siendo niñas. Al igual que sus abuelas, una de las hermanas contrajo matrimonio con un hombre mucho mayor. La otra nunca llegó a casarse, pues decía que los hombres le resultaban repulsivos; algo parecido a lo que debió de sentir su abuela paterna al verse atrapada en un matrimonio sin amor.

Si varios hermanos experimentan una ruptura del vínculo madre-hijo, cada uno de ellos podría manifestar de manera distinta su desconexión con la madre. Un hijo podría volverse complaciente con la gente por miedo a perder la conexión con los demás en caso de no ser bueno o de generar conflictos. Otro de los hijos, convencido de que dicha conexión nunca estuvo a su alcance, podría volverse problemático y buscar peleas para distanciarse de otras personas. Asimismo, otro podría optar por el aislamiento y por reducir al mínimo el contacto social.

He observado que, cuando varios hermanos sufren rupturas del vínculo madre-hijo, a menudo expresan ira o celos, o se sienten desconectados entre ellos. Por ejemplo, un hijo mayor podría guardar resentimiento hacia el que nació después al percibir que el pequeño recibió el amor que a él le faltó. Como el hipocampo, la parte del cerebro encargada de formar recuerdos, no está plenamente operativo hasta después de los dos años, es posible que el hijo mayor no se acuerde de manera consciente de que su madre lo sostenía, alimentaba o acunaba, pero sí recuerde que el hijo menor recibía su amor. En consecuencia, el hijo mayor, al sentirse desplazado, puede culpar inconscientemente al más pequeño por haberse quedado con aquello que él no recibió.

Por supuesto, también hay niños que no parecen arrastrar ningún trauma familiar. En este caso, es muy probable que se haya establecido un vínculo sólido con la madre o con el padre, y que esa conexión los haya protegido de los problemas familiares del pasado. Es posible que, en algún momento, la madre se volcara más con un hijo que con los demás. Quizá también mejoró la relación de pareja de los padres. Puede que la madre sintiera una conexión especial con un hijo, pero no lograra vincularse de la misma manera a los otros. Los hijos menores suelen desenvolverse un poco mejor que los primogénitos o los hijos únicos, que tienden a cargar con una parte mayor de los asuntos pendientes de la historia familiar, aunque esto no siempre es así.

Cuando se trata de hermanos y traumas familiares heredados, no hay normas estrictas que regulen cómo se ve afectado cada hijo. Son muchas las variables, aparte del orden de nacimiento y el sexo, que pueden influir en las decisiones que toman los hermanos y en la vida que llevan. Aunque desde fuera pueda parecer que un hermano salió ileso del trauma mientras otro lo sufrió, mi experiencia clínica me ofrece otra perspectiva: la mayoría de nosotros llevamos, al menos, algún residuo de la historia familiar.

**¿Tienes hermanos? En tal caso, ¿en qué se diferencia tu vida de la de ellos?**

Estas son algunas preguntas que puedes plantearte:

- ▶ ¿Tuviste un hermano que nunca dejó el hogar familiar o que no consiguió prosperar?

- ▶ ¿Hubo alguno que hiciera de mediador en la familia?

- ▶ ¿Alguno de ellos asumió el papel de cuidador de tus padres?

- ▶ ¿Hubo alguno que rechazara a tus padres?

- ▶ ¿Alguno de tus hermanos fue señalado como la oveja negra?

- ▶ ¿Alguno de ellos lidió con una enfermedad crónica o acumuló fracasos sentimentales?

► ¿Hubo alguno que parecía tenerlo todo en la vida?

.............................................................................................................

.............................................................................................................

.............................................................................................................

.............................................................................................................

.............................................................................................................

## EJERCICIO

## ¿CUÁL DE LOS CUATRO TEMAS INCONSCIENTES FORMA PARTE DE TU HISTORIA?

Ahora que has tenido tiempo de reflexionar sobre cada uno de los temas, ¿reconoces uno o más en ti? Plantéate las siguientes preguntas.

*¿Cuál es el tema del que eres más consciente en tu vida?*
*¿Cómo puede estar limitándote?*

.............................................................................................................

.............................................................................................................

.............................................................................................................

*¿Qué tema despertó más tu interés cuando leíste sobre él?*

.............................................................................................................

.............................................................................................................

.............................................................................................................

*¿Te identificas con más de un tema? ¿Con cuáles?*

.......................................................................................................................................

.......................................................................................................................................

.......................................................................................................................................

En el cuadro siguiente, describe cómo experimentas el tema o los temas que tienen un lugar en tu vida.

| | |
|---|---|
| **CON TUS PADRES** | |
| **EN TUS RELACIONES** | |
| **CON TU PAREJA SENTIMENTAL (SI LA TIENES)** | |
| **EN TU SALUD** | |
| **EN EL TRABAJO** | |
| **EN TUS FINANZAS** | |
| **EN TUS PENSAMIENTOS, SENTIMIENTOS Y CONDUCTAS HABITUALES** | |

Al reflexionar sobre estos temas, puede que descubras que más de uno encaja contigo. ¿Rechazaste a un progenitor y te fusionaste con el otro? ¿Pasó algo que rompiera el vínculo con tu madre? Muchos de nosotros tenemos más de un tema operando en segundo plano. En capítulos siguientes abordaremos cada tema en detalle.

**Susan** se puso en contacto conmigo porque deseaba trabajar en su relación con su pareja, con la que llevaba veintisiete años. Se querían mucho, pero ella sentía que siempre lo alejaba y que le costaba abrirse a recibir su amor. A pesar de contar con una pareja totalmente entregada y con un sólido sistema de apoyo, se sentía sola y, en cierto modo, responsable de todos y de todo. Desde que tenía uso de razón, notaba los efectos del trauma en su vida, pero no conseguía identificar ninguno en su historia personal.

Susan había empezado a desarrollar síntomas físicos en el lado izquierdo, aparentemente sin relación entre ellos. El hombro izquierdo le dolía tanto que no podía moverlo y había perdido la destreza en la mano izquierda. Los distintos médicos a los que acudió le ofrecieron diagnósticos variados: un pinzamiento nervioso, un hombro rígido, la perimenopausia…; sin embargo, ella sospechaba que sus síntomas podían tener un significado más profundo.

—Háblame de cuando tu madre estaba embarazada de ti —le pedí—. ¿Qué crees que sentía o pensaba cuando te llevaba en su vientre? ¿Era feliz con tu padre entonces? ¿Quería tener un hijo con él o se sentía atrapada?

—Mi madre y mi padre se llevaban bien y ella estaba ilusionada con el embarazo —respondió Susan—, pero quizá temía perderme. Mi madre sufrió cuatro abortos espontáneos, aunque no estoy segura de cuándo ocurrieron.

En el caso de los abortos espontáneos, es importante saber en qué momento ocurrieron y si fueron tempranos o tardíos. Como vimos antes, cuando una mujer embarazada atraviesa un fuerte estrés o un trauma, sus hormonas del estrés inundan el líquido amniótico, lo que puede afectar al desarrollo neurológico de su bebé. Si la madre de Susan ya había perdido un bebé con anterioridad, entonces probablemente la idea de perderla a ella también la tendría aterrada. «No te encariñes con el bebé antes de que nazca, porque podría morir». La pérdida puede resultar aún más traumática si el aborto espontáneo se produce al final del embarazo.

—¿Puedes hablar ahora con tu madre? —le pregunté—. ¿Podrías llamarla para averiguar cuándo ocurrieron los abortos y si fueron en una etapa inicial o avanzada del embarazo?

Por suerte, Susan accedió a llamar a su madre, quien respondió a sus consultas. Así Susan supo que su madre no solo había tenido dos abortos espontáneos tardíos antes de darla a luz, sino también un tercer aborto tardío dos años después de su nacimiento. Esto implicaba que Susan había experimentado la ausencia de su madre dos veces: la primera, en el útero, cuando su madre anticipaba la posibilidad de perder a otro bebé; la segunda, en el dolor real por la pérdida de otro hijo, en un periodo crítico para el neurodesarrollo de la niña de dos años. Susan había sufrido dos grandes traumas de apego, de los que no tenía noticia hasta que recurrió a su madre para obtener esa información tan importante.

**El principal tema inconsciente de Susan:** una ruptura del vínculo.

**Jordan,** analista de sistemas de cuarenta y dos años, quería comprender la fuerte ansiedad y el trastorno de pánico con los que lidiaba desde los diecisiete. A las sensaciones físicas de que el corazón se le salía del pecho, la opresión pulmonar y el terror a perder el conocimiento, se unía el miedo obsesivo a hacer daño a alguien cercano.

—Cuando estás así de ansioso, ¿qué es lo que se te pasa por la cabeza?

—Que voy a hacer algo horrible. Que haré daño a alguien a quien quiero y que todo será culpa mía.

—¿Has llegado alguna vez a hacerle daño a alguien? —le pregunté.

—No, nunca.

Si esta preocupación no provenía de la experiencia de Jordan, me preguntaba con qué miembro de la familia se habría fusionado o con quién se habría identificado.

—¿Le ocurrió algo a alguno de tus padres o a otro miembro de la familia a los diecisiete años de edad?

—No estoy seguro.

—¿Sabes si alguien de tu familia le hizo daño a otra persona?

—Que yo sepa, no.

Aunque Jordan no conociera esta información, era importante que la averiguara. Le pedí que llamara a sus padres, que afortunadamente seguían vivos, y les preguntara. En los próximos capítulos verás cómo su búsqueda le lleva a encontrar la respuesta que necesitaba.

**El principal tema inconsciente de Jordan:** la fusión con uno de los progenitores, o la identificación con otro miembro de la familia.

Hasta ahora, has aprendido sobre los efectos potenciales de los traumas heredados y de apego, has tenido la oportunidad de pensar en tus propias historias familiares y has indagado sobre cómo podrías haberte enredado con uno de tus padres, con ambos o con algún otro miembro de la familia.

Ahora ha llegado el momento de poner en práctica los conocimientos adquiridos.

Con el fin de desenterrar los traumas que quedaron sepultados en tus vivencias y en tus palabras, a partir del próximo capítulo construirás tu propio *mapa del lenguaje nuclear*, el cual te guiará en un viaje de sanación y de regreso a ti mismo.

# INTRODUCCIÓN AL PLANTEAMIENTO
# DEL LENGUAJE NUCLEAR

Reflejadas en los cuatro temas inconscientes, las experiencias no expresadas con palabras y que residen en nuestro inconsciente nos rodean por todas partes. Aparecen en nuestro lenguaje peculiar. Se manifiestan en síntomas crónicos y en nuestras conductas inexplicables. Salen a relucir en las luchas repetitivas que afrontamos en nuestra vida cotidiana. Estas experiencias no expresadas con palabras constituyen la base de nuestro *lenguaje nuclear*. Cuando nuestro inconsciente echa la puerta abajo para hacerse oír, lo que oímos es lenguaje nuclear.

Las palabras y frases con carga emocional de nuestro lenguaje nuclear proceden, con toda probabilidad, de traumas no resueltos y son la clave para desenterrar recuerdos que residen tanto en nuestro cuerpo como en el «cuerpo» de nuestro sistema familiar. Son como piedras preciosas que, enterradas en nuestro inconsciente, esperan que las descubramos y las extraigamos. Si no las reconocemos como mensajeras, pasaremos por alto pistas importantes que podrían ayudarnos a desentrañar el misterio que se encierra detrás de nuestras luchas. Cuando las extraemos, damos un paso decisivo hacia la curación de nuestro trauma.

En pocas palabras, el lenguaje nuclear nos ayuda a encajar los acontecimientos y experiencias que están en la raíz de nuestro sufrimiento. Cuando reunimos suficientes piezas, empezamos a formar un relato que nos permite entender con más profundidad lo que pudo habernos pasado, a nosotros o a los miembros de nuestra familia. Empezamos a entender recuerdos, emociones y sensaciones que quizá nos hayan estado rondando durante toda la vida. Cuando hemos localizado su origen en el pasado, en un trauma nuestro o de nuestra familia, podemos dejar de vivirlos como si pertenecieran al presente. Y si bien no es posible explicar todos los miedos, angustias y pensamientos repetitivos por un hecho traumático sucedido en la familia, sí que nos es posible entender mejor determinadas experiencias cuando desciframos el lenguaje de nuestra queja nuclear, nuestros descriptores nucleares y nuestra frase nuclear, que estás a punto de descubrir por ti mismo.

### Tipos de lenguaje nuclear

El lenguaje nuclear se divide en dos tipos: verbal y no verbal. El verbal se manifiesta en las palabras intensas o apremiantes que empleamos para describir nuestros miedos y ansiedades más profundos. También podemos oír este lenguaje en nuestras quejas sobre nuestras relaciones personales y de pareja, nuestra salud, nuestro trabajo y otros aspectos de nuestra vida. Este lenguaje traumático es poco común, en el sentido de que puede parecernos que está fuera de contexto respecto de lo que sabemos o de lo que hemos vivido. El lenguaje nuclear verbal puede caracterizarse por proceder de nuestro exterior, aunque lo percibimos en nuestro interior.

Cuando es no verbal, lo encontramos en nuestros comportamientos y síntomas. Está presente en nuestra depresión, en las conductas destructivas que imitan ciertos acontecimientos traumáticos de nuestra historia familiar, en los síntomas inusuales que aparecen tras una situación inquietante, o en los miedos y angustias que nos asaltan de repente cuando llegamos a cierta edad, que suele ser la misma en la que sucedió algo traumático en una generación pasada. El lenguaje nuclear no verbal también se manifiesta en nuestros problemas de pareja, en el tipo de compañeros que elegimos, en cómo permitimos que los demás nos traten y en cómo tratamos a los demás, así como en los patrones repetidos con los que nos relacionamos con el dinero y el éxito. El lenguaje nuclear no verbal se revela incluso en la forma en que nos hemos desconectado de nuestro cuerpo y de nuestro centro. En esencia, son las secuelas de un trauma que se ha producido en nuestra primera infancia o en nuestra historia familiar. Todo esto forma un rastro de migas de pan que puede conducirnos enseguida al origen de nuestro problema.

### Tu mapa del lenguaje nuclear

Para construir tu mapa del lenguaje nuclear, debes seguir cuatro pasos. En cada etapa, recibirás una herramienta nueva, diseñada para extraer información desconocida hasta ahora. Estas herramientas son:

1. La queja nuclear.

2. Los descriptores nucleares.

3. La frase nuclear.

4. El trauma nuclear.

Al seguir tu mapa del lenguaje nuclear, puedes verte frente a frente con miembros de la familia que viven como fantasmas, invisibles e ignorados. Algunos llevan mucho tiempo enterrados. Otros han sido rechazados u olvidados. Hay quienes atravesaron pruebas tan traumáticas que resulta demasiado doloroso pensar en lo que tuvieron que soportar. Cuando los encuentras, quedan liberados, y tú también.

Tu historia está esperando a ser descubierta. En este preciso instante tienes dentro de ti cuanto necesitas para emprender este viaje: las palabras, el lenguaje, el mapa... Y todo comienza con lo que te trajo a este proceso desde el principio: tu *queja nuclear*.

# CAPÍTULO 4

# TU QUEJA NUCLEAR

**M**ientras construyes **tu mapa del lenguaje nuclear,** aprenderás a seguir el rastro de pistas que van dejando tus palabras, y que puede conducirte hasta el origen de tus miedos. La primera etapa de este camino verbal será la queja nuclear. Esta puede ser todo un tesoro de riquezas pendientes de estudiar. Tu queja nuclear puede contener, incluso, las semillas de la resolución que buscas. Solo tienes que asomarte dentro de ti.

Para oír la queja nuclear en nuestro lenguaje cotidiano, buscamos en el tejido de las palabras que pronunciamos el hilo de emoción más profunda. Atendemos a las palabras que tienen la máxima resonancia emocional. A veces estamos presos de un miedo que nos debilita. En ocasiones pedimos o exigimos algo con un cierto matiz de apremio. A veces no tenemos más que un gran dolor. Hay momentos en los que oímos palabras o frases que parecen tener vida propia.

Al analizar la queja nuclear, no solo atendemos a nuestro lenguaje hablado, sino que observamos también nuestro lenguaje somático, es decir, el de nuestro cuerpo físico. También prestamos especial atención a los síntomas y a las conductas que destacan por resultar poco corrientes o muy personales.

Cuando examinamos las palabras de una queja nuclear, confiamos implícitamente en ellas. Pero no siempre confiamos en el contexto. Esas palabras, en general, suelen ser verdaderas para alguien…, que no necesariamente es el mismo que las pronuncia. Para descubrir quién es ese alguien tenemos que asomarnos tras el telón, para atisbar nuestra historia familiar.

# EJERCICIO

## DESCUBRIR TU QUEJA NUCLEAR

Demos comienzo a nuestra excavación atendiendo al motivo que te ha traído hasta aquí. ¿Qué es lo que percibes como más urgente en tu vida en este momento? ¿Tiene que ver con tu salud, con tu trabajo o con tu relación? Puede tratarse de cualquier cuestión que perturbe tu sensación de seguridad, paz o bienestar.

*¿Qué quieres sanar? ¿Qué deseas cambiar?*

......................................................................................................................

......................................................................................................................

......................................................................................................................

......................................................................................................................

......................................................................................................................

No te censures. Anota todo lo que consideres importante. Escríbelo tal y como se te ocurra. Es posible que cargues con el miedo a que en el futuro te suceda algo terrible. Quizá estés lidiando con un problema que te resulta insoportable. Tal vez albergues sentimientos de malestar hacia alguien de tu entorno más cercano. Acaso se trate de un síntoma o de una sensación que hayas tenido toda la vida. Da igual lo que salga; lo importante es que sigas escribiendo.

**Si no se te ocurre nada, responde a esta sola pregunta:** *si la sensación, el síntoma o la afección que tienes nunca desapareciera, ¿qué temerías que pudiera pasarte?*

...................................................................................................................

...................................................................................................................

...................................................................................................................

No sigas leyendo hasta haber anotado tu preocupación más apremiante.

Ahora, echa un vistazo a lo que has escrito. Léelo, pero sin demasiado detenimiento, cosa de no terminar absorbido por el texto. No te dejes arrastrar por las palabras ni por los sentimientos. Repásalo por encima, sin involucrarte emocionalmente. Busca palabras o frases que destaquen por ser extrañas o poco comunes. Por ejemplo, ¿cuáles repites siempre, o cuáles, aunque no las utilizas nunca, han surgido en este ejercicio de escritura? ¿Qué expresiones saltan a la vista? ¿Qué términos te llaman la atención?

**Palabras o frases que te resulten llamativas:**

...................................................................................................................

...................................................................................................................

...................................................................................................................

Ahora, vuelve a leer tu texto. Pero esta vez en voz alta, a ti mismo. Procura escucharlo con un oído nuevo, que oye sin sentir emociones. Llamo a esto «oír con el metaoído» u «oír con el tercer oído». ¿Qué palabras o qué frases tienen un carácter apremiante? ¿Qué palabras tienen una resonancia emocional fuerte o producen una sensación dramática? ¿Qué palabras parecen extrañas o peculiares? ¿Qué palabras no encajan del todo, quizá, en el contexto de tu experiencia vital?

*Palabras o frases que suenen dramáticas, apremiantes o extrañas:*

........................................................................................................................

........................................................................................................................

........................................................................................................................


Intenta oír lo que has escrito como si estuvieras escuchando a otra persona. Es posible que las palabras pertenezcan, en efecto, a otra persona, y que tú no hayas hecho más que ponerles voz. Es posible que las palabras pertenezcan a otro miembro de tu familia que quedó traumatizado y que no fue capaz de pronunciarlas en voz alta. Puede que, con tus quejas, estés contando la historia de esta persona.

## Durante nuestra primera conversación, Jordan

expuso con claridad su queja nuclear: había sufrido ansiedad constante desde los diecisiete años, junto con la sensación persistente de que podría hacer daño a alguien cercano. Cuando me contó que nunca había hecho daño a nadie, intuí que detrás de su historia había algo más. Dado que este tipo de expresión *(hacer daño a alguien)* suele provenir de alguien mayor, deduje que la historia debía de pertenecer a un adulto..., pero ¿a quién? Guárdate esta pieza del rompecabezas, pues lo resolveremos en otro capítulo, más adelante.

**La queja nuclear de Jordan:** ansiedad constante y la persistente sensación de que hará daño a alguien cercano.


Si tu queja nuclear parece no tener relación con la historia de tu familia, te recomiendo releer la sección sobre la ruptura del vínculo, en el capítulo 2. Tal vez esas palabras sean tuyas, de un trauma que experimentaste en el viente materno o en tu primera infancia, mucho antes de que tu memoria pudiera reclamarlas como propias.

**La queja nuclear de Susan** tenía que ver con su relación: «Sé que mi marido me quiere y yo a él, pero es como si mi corazón estuviera detrás de un cristal. No logro percibir la conexión entre nosotros dos. Aunque él siempre está ahí para mí, la mayor parte del tiempo me siento desbordada, como si tuviera que ocuparme de todo y de todos. No puedo confiar en nadie para que cuide de mí».

¿Te das cuenta de cómo podría sentirse un bebé que ha sufrido una ruptura del vínculo? «Desbordado», sin percibir una «conexión», incapaz de «confiar en nadie para que cuide» de él.

Susan también me había contado que tenía un hombro rígido que le impedía realizar tareas sencillas sin sentir dolor. Aun así, seguía adelante. Hablamos de la metáfora del hombro rígido y de cómo estaba asumiendo ella sola la responsabilidad de cuidar de todo y de todos.

Me contó que, de niña, nunca podía acudir a su madre en busca de consuelo cuando tenía miedo o estaba triste, y que al final debía consolarse a sí misma. ¿Cómo puede una niña, con emociones que aún no logra entender, consolarse a sí misma? No puede. Estos sentimientos a menudo quedan sumergidos, pero reaparecen más adelante en forma de síntomas, sobre todo cuando nos sentimos alterados en nuestras relaciones.

**La queja nuclear de Susan:** la distancia en su relación y un hombro rígido.

A veces, como en el caso de Susan, nuestra queja nuclear se manifiesta de manera no verbal a través de síntomas o problemas que hablan más fuerte que las palabras. Tal vez sufras un síntoma físico, una dolencia crónica o autoinmune, o lesiones recurrentes. Quizá te hayan diagnosticado depresión, lupus o cáncer. Puede que tengas síntomas que hayan desconcertado a los médicos y a otros profesionales y que hayas aprendido a vivir con todo ello como si formara parte de tu vida, cuando, en realidad, justo debajo de la superficie, hay un vasto paisaje de experiencias perdidas que espera ser desenterrado.

Al explorar tu queja nuclear y escuchar el lenguaje de tu cuerpo, es muy probable que descubras qué es lo que te mantiene atrapado en el sufrimiento.

Si estás lidiando con un síntoma físico, responde a estas preguntas: ¿dónde lo sientes? ¿En qué parte de tu cuerpo se localiza? ¿Qué sensaciones percibes? Marca todo esto en el dibujo de abajo.

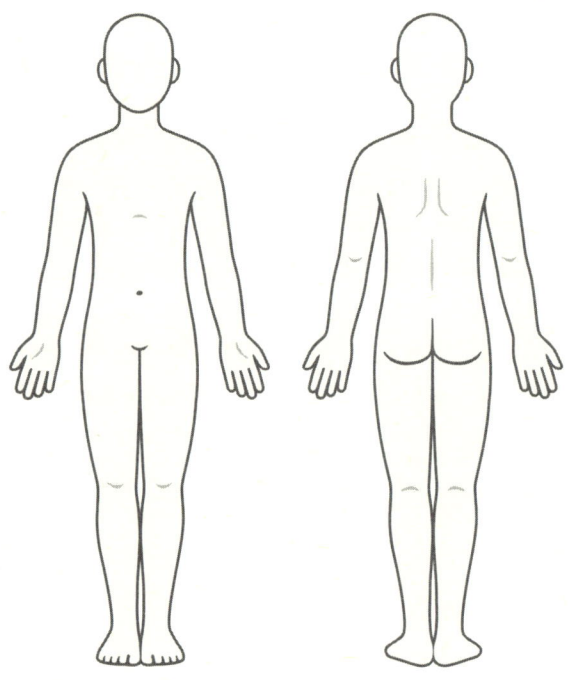

*¿Qué emociones afloran cuando piensas en tu síntoma?*

.................................................................................................................................

.................................................................................................................................

.................................................................................................................................

*Si ese síntoma, afección o parte de tu cuerpo tuviera un mensaje para ti, ¿qué crees que estaría intentando decirte?*

.................................................................................................................................

.................................................................................................................................

.................................................................................................................................

*¿De qué manera podría tu síntoma estar intentando protegerte? ¿Te mantiene tenso, a la defensiva, contraído, entumecido, desconectado o invisible? El hombro de Susan estaba tenso, como si tuviera que cargar con el peso del mundo. ¿Cómo crees que podría estar tratando de ayudarte tu síntoma?*

.................................................................................................................................

.................................................................................................................................

.................................................................................................................................

.................................................................................................................................

.................................................................................................................................

Ahora lee lo que has escrito. Puede que acabes por descubrir algunas de las formas no verbales en que tu queja nuclear está operando en tu cuerpo.

## CAVAR MÁS PROFUNDO PARA DESENTERRAR EL LENGUAJE NUCLEAR QUE SUBYACE EN NUESTRA QUEJA NUCLEAR

Algunas veces, el lenguaje nuclear de nuestra queja nuclear es tan persuasivo que nos obliga a excavar en el cementerio familiar en busca de respuestas. Pero suele suceder que no podamos acceder fácilmente a la historia familiar que buscamos. Se trata de una información que ha quedado oculta por la vergüenza, apartada por el dolor o protegida en forma de secreto familiar, y no son cosas de las que se suela hablar durante las comidas.

A veces, conocemos la historia traumática que está detrás de nuestro problema. Pero no siempre establecemos su relación con nuestras experiencias actuales.

El lenguaje nuclear de nuestra queja nuclear puede servirnos de brújula que nos guíe a través de las generaciones de angustia familiar no explicada. Puede llevarnos hasta un hecho traumático que espera que lo recordemos y lo exploremos para, por fin, quedar zanjado.

## Temas comunes que conectan las quejas nucleares con la historia familiar

Estos son algunos temas que, según he observado, se repiten en diversas familias. ¿Reconoces alguno de ellos en la tuya?

- **Lenguaje que se repite.** ¿Hay algún lenguaje que te parezca que no encaja en el contexto de tu experiencia vital? En caso afirmativo, ¿podría pertenecer a otro miembro de tu familia?

- **Edades que se repiten.** ¿Existe alguna relación entre la edad que tenías cuando te apareció el síntoma o el problema y la edad que tenía un miembro de tu familia cuando debió enfrentarse a una dificultad o a un sufrimiento? Si, por ejemplo, tu padre o tu madre murieron jóvenes, es posible que desarrolles un problema o un síntoma que te limite la vida de alguna manera cuando alcances la misma edad que tenía tu progenitor al fallecer. Puede resultarte difícil, de forma inconsciente, ser feliz o llevar una vida plena cuando superas la edad a la que murió tu padre o tu madre. Incluso es posible que tu problema o tu síntoma aparezca cuando tu hijo alcance la edad que tenías al quedarte huérfano. De igual modo, tu hijo puede manifestar un miedo o un síntoma justo a la misma edad en la que tú pasaste por una situación difícil. A menudo, los niños reflejan lo que nosotros, sus padres, sentíamos a su edad, algo que reprimimos mucho tiempo atrás. Es casi como si dijeran: «Mamá, esto es lo que tú sentiste a mi edad. Lo bloqueaste, así que te lo muestro para que por fin se sane».

- **Hechos que se repiten.** A veces nos invade inesperadamente un miedo, una angustia u otro síntoma cuando llegamos a un hito determinado en nuestra vida. Nos casamos o tenemos un hijo. Nos rechaza nuestra pareja o nos vamos de casa de nuestros padres. Entonces, de pronto, como si se nos activara por dentro un reloj despertador ancestral, empieza a aparecernos un síntoma. Cuando esto sucede, debemos preguntarnos si algún miembro de nuestra familia tuvo que sufrir o luchar de la misma manera cuando vivió un hecho similar.

- **Emociones, conductas y síntomas que se repiten.** Haz memoria. ¿Qué fue lo que desencadenó tu problema o tu síntoma y lo puso en marcha? ¿Qué estaba pasando en un segundo plano? ¿Te dejó alguien? ¿Te sentiste ofendido, rechazado o abandonado? ¿Pasó algo que te incitara a rendirte o a renunciar a todo? ¿Tu problema o tu síntoma reproducen o recrean una experiencia o situación determinada de tu primera infancia? ¿Se asemeja en algún sentido a algún hecho de tu historia familiar? ¿Se parece a algo que le pasó a tu madre, a tu padre, a tu abuelo o a tu abuela?

# DOCE PREGUNTAS QUE GENERAN LENGUAJE NUCLEAR

Si aún no ves la conexión entre tu queja nuclear y lo que sabes de la historia de tu familia, aquí tienes una serie de preguntas que pueden ayudarte a desenterrar parte de tu lenguaje nuclear. Responde a cada una de ellas con todos los detalles que puedas. Ten la mente abierta. No cambies ni enmiendes tus respuestas. Las respuestas a estas preguntas pueden arrojar luz sobre la relación entre un problema actual y un trauma de tu historia familiar.

**¿Qué estaba pasando en tu vida cuando te apareció por primera vez el síntoma o el problema?**

.......................................................................................................................................

.......................................................................................................................................

.......................................................................................................................................

**¿Qué estaba pasando poco antes de que empezara?**

.......................................................................................................................................

**¿Qué era lo que más te preocupaba en ese momento?**

.......................................................................................................................................

*¿Qué temías que te ocurriera?*

..............................................................................................................................................................................

*¿Qué edad tenías cuando hizo su primera aparición el síntoma o el problema?*

..............................................................................................................................................................................

*¿Le pasó algo traumático a un miembro de tu familia cuando tenía una edad parecida?*

..............................................................................................................................................................................

*¿Qué sucede exactamente cuando experimentas el problema?*

..............................................................................................................................................................................

*¿Cómo lo sientes en los peores momentos?*

..............................................................................................................................................................................

*¿Qué pasa justo antes de que te sientas así o de que tengas el síntoma?*

..............................................................................................................................................................................

*¿Qué cosas lo alivian o lo agravan?*

..............................................................................................................................................................................

*¿Qué cosas te impide hacer ese problema o ese síntoma? ¿Qué te obliga a hacer?*

....................................................................................................................

*Si esa sensación o ese síntoma te duraran para siempre, ¿qué sería lo peor que te podría pasar?*

....................................................................................................................

Ahora que has reflexionado sobre cada una de las formas en las que podría manifestarse tu queja nuclear, reúnelo todo aquí.

*Mi queja nuclear es...*

....................................................................................................................

....................................................................................................................

....................................................................................................................

....................................................................................................................

Ahora lee lo que has escrito.

*Escucha* las palabras que tengan una fuerte carga emocional.

*Escucha* las palabras que tengan un tono trágico o apremiante.

*Escucha* las palabras que no encajen en tu contexto vital. Por ejemplo: «Me echarán. Me olvidarán. No mereceré vivir».

*Busca* síntomas y conductas que aparezcan a una edad determinada.

*Busca* síntomas y conductas que aparezcan después de un hecho concreto.

Las respuestas a estas preguntas pueden revelar pistas importantes para desenterrar una conexión familiar.

## LAS QUEJAS Y LOS SÍNTOMAS COMO PISTAS PARA LA RESOLUCIÓN

Si los observas con imaginación, tu queja o tu síntoma pueden ser una expresión creativa que te conduzca a completar algo, a curar algo, a integrar algo o a separarte de algo…, quizá, de un sentimiento que has asumido a pesar de que nunca fue tuyo.

Puede que tu síntoma o tu problema te esté forzando a dar un paso que no has dado, un paso que ya no puedes seguir ignorando. Es posible que se te esté pidiendo que completes una etapa de tu desarrollo que quedó interrumpida cuando eras pequeño. Puede que tu síntoma o tu problema te esté recreando una sensación de desvalimiento cuya función sea acercarte más a tus padres. O bien, al contrario, es posible que tu síntoma o tu problema te esté forzando a desarrollarte y a independizarte de ellos.

Quizá se te esté enseñando que tienes que terminar una tarea o bien seguir un camino que abandonaste. Puede que hayas despreciado una parte de ti que es joven o fragmentaria y que se expresa en forma de síntomas, y ahora dicha parte necesita tu atención y cuidado. Puede que hayas hecho caso omiso de una frontera personal que ya no puedes seguir pasando por alto.

Una vez traté a un hombre que se describía a sí mismo como «generoso» y «complaciente», y se quejaba de que no tenía energía. Presentaba una postura encorvada. La cabeza se le caía hacia delante, como si el cuello no pudiera soportar su peso. El hombre me dijo que se sentía constantemente agotado. «Voy con el depósito en reserva», me explicó.

Desde otra perspectiva, su agotamiento le reveló que, al vivir para complacer a los demás, se había vaciado por dentro. El síntoma no hacía más que amplificar esa realidad.

A otro nivel, el «agotamiento» era la excusa que necesitaba para dejar de ocuparse de los demás. Su síntoma le servía de límite y le otorgaba el espacio que nunca se había dedicado a sí mismo.

Nuestros síntomas y quejas también pueden ayudarnos a reparar una relación rota o a curar un trauma personal, pues nos obligan a enfrentarnos a sentimientos que reprimimos hace tiempo. Además de permitirnos entender un trauma familiar no resuelto, pueden servirnos asimismo para ver con claridad la culpa que llevamos dentro y, tal vez, indicarnos el camino hacia la reconciliación.

*¿Cómo puede estar intentando comunicarse contigo tu síntoma o queja?*
*¿Qué te está pidiendo que hagas o que examines?*

..............................................................................................................................................

..............................................................................................................................................

..............................................................................................................................................

*¿Qué te está pidiendo que concluyas, sanes, integres o abandones?*

..............................................................................................................................................

..............................................................................................................................................

..............................................................................................................................................

*Si tu síntoma o queja te estuviera guiando para que examinases un sentimiento o una emoción que has ignorado, o para que enfrentases una situación que has evitado, ¿qué emoción, situación o sentimiento sería ese?*

..............................................................................................................................................

..............................................................................................................................................

..............................................................................................................................................

**¿Qué puede estar haciendo tu queja o síntoma para acercarte a la sanación?**

...................................................................................................................................

...................................................................................................................................

...................................................................................................................................

Nuestras quejas, nuestros síntomas y nuestros problemas pueden hacer de señales indicadoras que nos guían hacia algo que está pendiente de resolución. Pueden ayudarnos a sacar a la luz algo que no somos capaces de ver, o conectarnos con algo o con alguien rechazado ya por nosotros mismos, ya por nuestra familia. Cuando nos detenemos a explorarlos, puede salir a la superficie lo que está por resolver, y aportar una dimensión nueva a nuestro proceso de curación. Podemos salir de este proceso sintiéndonos más íntegros y más completos.

Ahora que has identificado tu queja nuclear, echemos un vistazo a tus descriptores nucleares.

# CAPÍTULO 5

# TUS DESCRIPTORES NUCLEARES

**L**os sentimientos que albergamos hacia nuestros padres constituyen una puerta de acceso a nuestro propio ser. También son una puerta de acceso a los cuatro temas inconscientes que presentamos en el capítulo 3, temas que nos ayudan a determinar con exactitud cuáles de ellos están actuando en nuestras vidas.

Tus *descriptores nucleares* son la forma en que describes a tu madre y a tu padre biológicos, cosa que te pediré que hagas en breve. Para ello, concédete libertad plena en tus respuestas. Cuando vayas realizando los ejercicios siguientes, es probable que descubras más cosas acerca de ti mismo que acerca de tus padres.

Si no has conocido a tus padres biológicos, o no tienes información alguna sobre ellos y desconoces su historia, pasa al próximo capítulo.

## DESCRIBIR A TU MADRE

Dedica un rato a describir a tu madre, tal como se te presenta según tus recuerdos más tempranos. ¿Cómo era? ¿Qué adjetivos o qué expresiones te vienen inmediatamente a la cabeza? ¿Era tierna? ¿Cariñosa? ¿Fría? ¿Distante? ¿Alegre? ¿Triste? ¿Te abrazaba con frecuencia, o no lo hacía casi nunca? ¿Cómo describirías el amor que recibías de ella?

Responde también a esto: ¿cómo describiría tu madre el amor que recibió de la suya? Si no fue mucho, esa situación podría haber afectado al amor que tú mismo recibiste y, en definitiva, a la forma en que describes a tu progenitora.

Escríbelo todo. No te limites a hacer este ejercicio mentalmente. Es esencial que registres por escrito las palabras tal como te lleguen.

MI
MADRE
ERA...

..................................................................................................................................................

..................................................................................................................................................

..................................................................................................................................................

*Mi madre describiría el amor que recibía de su madre como...*

...........................................................................................................

...........................................................................................................

...........................................................................................................

Además, escribe de qué culpas a tu madre, si es que la culpas de algo.

*La culpo de...*

...........................................................................................................

...........................................................................................................

...........................................................................................................

⋈⋈⋈⋈⋈ EJERCICIO ⋈⋈⋈⋈⋈

## DESCRIBIR A TU PADRE

Ahora, tómate un momento para describir a tu padre, tal como se te presenta según tus recuerdos más tempranos. ¿Era bondadoso? ¿Abierto? ¿Severo? ¿Crítico? ¿Se interesaba por tus cosas, o no? ¿Cómo describiría tu padre el amor que recibió de su madre?

De nuevo, apúntalo todo. No caigas en la tentación de corregir lo escrito.

MI
PADRE
ERA...

...................................................................................................................

...................................................................................................................

...................................................................................................................

*Mi padre describiría el amor que recibía de su madre como...*

..........................................................................................................................................

..........................................................................................................................................

..........................................................................................................................................

Además, escribe de qué culpas a tu padre, si es que lo culpas de algo.

*Lo culpo de...*

..........................................................................................................................................

..........................................................................................................................................

..........................................................................................................................................

## EJERCICIO

## DESCRIBIR A TU PAREJA ACTUAL O A LA MÁS RECIENTE

Ahora que estás en onda, describe a tu actual pareja sentimental, si la tienes. Si no, describe a la última pareja que hayas tenido. Si esa relación pertenece al pasado, permítete revivirla como si estuviera ocurriendo ahora. ¿Esa persona es cariñosa o distante? ¿Está disponible o ausente? ¿Te apoya en tus necesidades o solo piensa en sí misma? Describe también cómo te sientes en dicha relación. ¿Te sientes reconocido o ignorado? ¿Valorado o poco apreciado? ¿Sientes que tu pareja te da prioridad o, por el contrario, pareciera que eres invisible?

*Mi pareja es...*

..................................................................................................................................

..................................................................................................................................

..................................................................................................................................

*Culpo a mi pareja de...*

..................................................................................................................................

..................................................................................................................................

..................................................................................................................................

*En esta relación me percibo como...*

..................................................................................................................................

..................................................................................................................................

..................................................................................................................................

Ahora, vamos a echar una ojeada a lo que se acaba de desvelar en lo que has escrito. Yo llamo *descriptores nucleares* a estos adjetivos y frases espontáneos y a vuelapluma. Estos descriptores son una vía de acceso a nuestros sentimientos inconscientes. Nos pueden revelar sentimientos que, tal vez sin que lo sepamos siquiera, albergamos con respecto a nuestros padres.

El ejercicio de recoger por escrito una lista de adjetivos y frases tal como nos vienen a la cabeza nos brinda la oportunidad de saltarnos la versión adulta, racionalizada y depurada de la historia de nuestra infancia. En este registro escrito pueden salir a la luz nuestras actitudes verdaderas sin pasar por los filtros ni por la censura habituales. Esta lista puede ponernos en contacto con las lealtades y alianzas inconscientes que mantenemos con nuestros padres. Más aún, puede desvelarnos cómo hemos rechazado a uno de nuestros progenitores o a ambos, o cómo hemos adoptado las mismas conductas que precisamente consideramos negativas en ellos. Estos descriptores no mienten, porque salen de una imagen interior que portamos, de una imagen que nos formamos hace mucho tiempo, quizá para protegernos del dolor. Cuando éramos pequeños, nuestros cuerpos funcionaban como unas grabadoras que llevaban la crónica de la información que recibíamos y la guardaban en forma de estados de sentimientos. Los adjetivos nos vuelven a llevar a esos estados de sentimientos y a las imágenes que los acompañan.

Muchos de nosotros tenemos guardadas imágenes dolorosas, imágenes en las que nuestros padres no nos dan lo suficiente, imágenes de que no recibimos lo que necesitamos. Si no les ponemos coto, estas imágenes interiores pueden regir el curso de nuestras vidas y trazar el modelo por el que seguirán discurriendo. Además, dichas imágenes están incompletas. Les falta una verdad esencial. ¿Qué hechos traumáticos acechan tras ellas, hechos que fueron lo bastante potentes como para desviar el flujo de amor en nuestra familia?

**En su descripción, Susan** señaló que su madre era excelente, además de una gran amiga.

—Se quedaba en casa con mi hermana y conmigo. Dirigía nuestro grupo de *girl scouts*, asistía a todas las excursiones y eventos, y organizaba las fiestas de cumpleaños más alucinantes. Era extrovertida. La gente la quería de verdad —contó. Y luego añadió—: La recuerdo siempre presente, pero siempre ocupada. Aunque cumplía con todo, estaba emocionalmente ausente y nunca tuve la confianza necesaria para compartir mis sentimientos con ella. Cuando yo lloraba, me las arreglaba para cortar el llanto antes de que ella me viera. Si estaba triste, me escondía. Nunca quise que me prestara atención, sobre todo cuando me sentía disgustada.

—Cuéntame con más detalle cómo percibías en tu cuerpo, de manera física, la atención que ella te daba —le pedí.

—Sentía que estaba demasiado encima, casi como si quisiera meterse dentro de mí.

Me pregunté entonces qué pudo haber suscitado el hecho de que la cercanía con su madre le resultara tan insoportable.

—Háblame del amor que tu madre recibió de la suya. ¿Cómo lo describiría ella?

—Creo que diría que la abuela era distante y desapegada —respondió Susan, y añadió—: Sé que mi abuela tenía dos años cuando su madre murió al dar a luz, así que en realidad nunca llegó a conocerla.

Ahí estaba la clave. Ahora los descriptores nucleares que Susan utilizaba para describir a su progenitora tenían un contexto. Cuando habló de su resistencia a los cuidados de su madre, sospeché que podía haber un trauma de apego. Pero ¿hasta dónde se remontaba? Un trauma tan enorme, agazapado en el fondo, había allanado el terreno para una sensación de orfandad materna que se viviría durante tres generaciones.

**Descriptores nucleares de Susan sobre su madre:** extrovertida, gran amiga de los demás, siempre presente, pero siempre ocupada, emocionalmente ausente y demasiado encima, «como si quisiera meterse dentro de mí».

**Cómo vivió la madre de Susan el amor de su madre:** distante y desapegado.

Cuando hemos mantenido una relación estrecha con nuestros padres, el calor y la solidaridad que sentimos hacia ellos se manifiestan en nuestros descriptores nucleares. Cuando tenemos sentimientos positivos hacia nuestros padres, tendemos a ver la vida de manera positiva y a confiar en que seguirán llegándonos cosas buenas.

Si hemos tenido una relación difícil con nuestros padres, los resentimientos que seguimos albergando quedarán expuestos en nuestros descriptores nucleares. El resentimiento nos corroe la paz interior. Los que tenemos la sensación de no haber recibido lo suficiente de nuestros padres, sobre todo de nuestra madre, solemos sentir que no recibimos lo suficiente de la vida.

A veces, los sentimientos que se manifiestan en nuestros descriptores nucleares son mixtos. En la mayoría de los casos, las personas abrigan hacia sus padres sentimientos contrapuestos, si bien, por lo general, suele destacar como pendiente de resolución un determinado tema o un hilo esencial del lenguaje nuclear. Y eso es lo que estamos buscando. Algunos de nosotros seguimos sintiendo los actos de nuestros padres como ataques o rechazos personales, y eso se manifiesta en las acusaciones que les dirigimos.

*Teniendo en cuenta los descriptores nucleares que has escrito, ¿hay algún resentimiento o reproche que aún guardes hacia tus padres?*

..................................................................................................................................

..................................................................................................................................

..................................................................................................................................


*¿Se reflejan esos rencores y acusaciones en los descriptores nucleares con los que describes a tu pareja?*

..................................................................................................................................

A menudo, el malestar que experimentamos con respecto a nuestros padres se proyecta en nuestra pareja. Lo que no hemos resuelto con ellos no desaparece por sí solo, sino que acaba condicionando nuestras relaciones posteriores.

Como vimos en el caso de Susan, con frecuencia proyectamos nuestros sentimientos en nuestras relaciones íntimas. Por ejemplo, si no nos sentimos atendidos por nuestra madre, podemos llegar a pensar que somos invisibles para nuestra pareja. Si consideramos que nuestra madre estaba siempre demasiado ocupada, tal vez creamos que no somos una prioridad para nuestra pareja. Si nuestra madre fue fría o distante, es posible que percibamos a nuestra pareja de la misma manera. Pero ¿es cierto eso? ¿O será que nuestra percepción está distorsionada?

Es como si miráramos con un ojo que solo ve el pasado y no reparáramos en lo que ocurre en el presente. Para protegernos de volver a sufrir, nos centramos en los aspectos negativos, ya que, si reconociéramos los positivos, correríamos el riesgo de perder pie y de volver a caer en la oscuridad.

# DESCRIPTORES NUCLEARES COMUNES
# TRAS UNA RUPTURA TEMPRANA DEL VÍNCULO

Somos muchos los que hemos vivido una separación física o emocional de nuestra madre y luchamos por encontrar la paz, por hallar esa sensación de pisar un terreno sólido. He aquí una lista de descriptores nucleares comunes entre las personas que vivieron una desconexión temprana de sus madres.

▶ «Mamá era fría y distante. No me tenía en brazos nunca. Yo no confiaba en ella en absoluto».

▶ «Mi madre estaba demasiado ocupada para hacerme caso. Nunca tenía tiempo para mí».

▶ «Mi madre y yo estamos muy unidos. Es como una hermanita pequeña a la que cuido».

▶ «Mi madre era débil y frágil. Yo era mucho más fuerte que ella».

▶ «No quiero ser nunca una carga para mi madre».

▶ «Mi madre era distante, fría emocionalmente y crítica».

▶ «Siempre me apartaba de sí. La verdad es que no le importo».

▶ «Lo cierto es que no nos tratamos».

▶ «Yo me sentía mucho más próximo a mi abuela. Fue ella la que me hizo de madre».

▶ «Mi madre está completamente centrada en sí misma. Solo le importa lo suyo. Nunca me manifestó ningún cariño».

▶ «Puede ser muy calculadora y manipuladora. Yo no me sentía a salvo con ella».

▶ «Le tenía miedo. Nunca sabía lo que podía pasar en cualquier momento».

▶ «No tengo una relación estrecha con ella. No es maternal…, no es como una madre».

▶ «No he querido nunca tener hijos. Jamás he sentido dentro de mí el instinto materno».

¿Recuerdas que, al hablar de su madre, Susan recurrió a los descriptores «ocupada» y «emocionalmente ausente»? Esas fueron las primeras pistas que me indicaron que había una ruptura del vínculo.

Es importante que tengamos presente que no todas las personas que han vivido una ruptura temprana del vínculo guardarán resentimiento a su madre, quien, por lo general, es objeto de un profundo amor y una gran confianza. A veces, tras una ruptura de este tipo, el niño, sin saberlo, se cierra a recibir los cuidados de la madre y procura, en cambio, cuidar él de ella, como un modo de restablecer el vínculo. En algunos casos, la ruptura se produjo a una edad tan temprana que ya no se guarda un recuerdo cognitivo de la experiencia. Sin embargo, es posible que se desencadenen recuerdos corporales de aquella separación cuando se viven experiencias de vinculación o de distanciamiento en las relaciones personales de la vida posterior. Podemos sentirnos, sin saber por qué, abrumados por sentimientos de terror, disociación, insensibilidad, desconexión, derrota y aniquilación.

Insisto en que es esencial que hagamos las paces con nuestros padres, incluso cuando no nos quede más opción que realizar esto para nuestros adentros. Esta reconciliación no solo nos aporta paz interior, sino que permite que la armonía se extienda hacia las generaciones siguientes. Al mitigar nuestra actitud para con nuestros padres y al dejar a un lado la historia que se interpone en nuestro camino, tendremos más probabilidades de poner fin a la repetición inútil de los sufrimientos a lo largo de las generaciones. Si bien esto puede parecer difícil, o incluso imposible, a primera vista, yo he sido testigo en múltiples ocasiones de los beneficios inesperados que aporta sanar nuestro vínculo con nuestros padres; entre ellos, la mejora de nuestra salud, de nuestras relaciones y de nuestra productividad.

Tus descriptores nucleares son un paso valioso para reconstruir tu relación con tus padres. No importa si ellos viven o si han fallecido ya. Cuando hayas descifrado tus descriptores nucleares, podrán empezar a cambiar por fin los sentimientos, actitudes y juicios negativos que albergas hacia tus padres. Recuerda que cuanto mayor es la carga emocional de tus palabras, más hondo es tu dolor. Por debajo de tus palabras airadas suele haber tristeza en estado de hibernación. La tristeza no te matará. La ira sí puede llegar a hacerlo.

La imagen que tienes de tus padres puede afectar a tu calidad de vida. La buena noticia es que, una vez revelada, esta imagen interior es susceptible de modificación. **No puedes cambiar a tus padres, pero sí puedes cambiar el modo en que los llevas dentro de ti.** Una de las claves de esta transformación se encuentra en el siguiente paso: tu frase nuclear.

# CAPÍTULO 6

# TU FRASE NUCLEAR

**S**i padeces un miedo o una fobia, ataques de pánico o pensamientos obsesivos, ya sabes demasiado bien lo que significa estar preso en la cárcel de tu propia vida interior. Los tormentos que sufres dentro de ti mismo (la preocupación constante, las emociones abrumadoras, las sensaciones corporales desmoralizadoras) pueden parecerte una condena a cadena perpetua, a pesar de que no hayas pasado por ningún juicio ni te hayan impuesto una pena. El miedo y la ansiedad reducen tu mundo y consumen tu vitalidad, lo que limita tus días y la vida que tienes por delante. Vivir de esta manera puede ser agotador.

Encontrar una salida es más sencillo de lo que crees. Solo tienes que «cumplir condena» con una «sentencia» distinta de la que crea el peor de tus miedos. Esta sentencia es una frase que te acompaña, probablemente, desde que eras un niño pequeño. Ya la digas en voz alta o te la repitas en silencio, esta frase ahonda tu desesperación. Pero, al mismo tiempo, te puede servir de guía para franquear las puertas de tu prisión y salir a un mundo nuevo de comprensión y de resolución.

Llamamos a esta frase tu *frase nuclear*. Si el mapa del lenguaje nuclear es una herramienta para hallar un tesoro escondido, la frase nuclear es el diamante que encontrarás cuando llegues allí.

## ENCONTRAR TU FRASE NUCLEAR

Antes de que sigamos adelante, responde por escrito a la pregunta siguiente: si tu vida se hundiera, si las cosas fueran terriblemente mal, ¿cuál sería tu mayor temor? ¿Qué es lo peor que podría pasarte? Probablemente se trate de un miedo o de un sentimiento que has abrigado durante toda la vida. Quizá tengas incluso la impresión de haber nacido con él. Redacta tu respuesta.

*Mi peor miedo, lo peor que me podría pasar, es...*

........................................................................................................................

Lo que acabas de escribir es tu frase nuclear. Solo una vez que la hayas apuntado podrás continuar con la lectura.

Puede que tu frase nuclear esté en primera persona: «Que yo lo pierda todo».

Puede que esté en tercera persona: «Que ellos me destruyan».

Es posible que tu frase nuclear empiece con «mi» o «mis»: «Que mis hijos / mi familia / mi mujer / mi marido me abandone».

La frase nuclear también puede empezar con otras palabras. Ahora vamos a profundizar más y a responder a la misma pregunta. Esta vez no corrijas ni enmiendes lo que anotes. Sigue escribiendo hasta que hayas dicho todo lo que quieres.

*Lo peor que me podría pasar es...*

*«Que yo...».*

*«Que ellos / alguien...».*

*«Que yo podría...».*

*«Que mis hijos / mi familia / mi pareja podría(n)...».*

........................................................................................

........................................................................................

........................................................................................

........................................................................................

........................................................................................

Ahora mira lo que has escrito. Si crees que ya lo has contado todo, hazte una pregunta más: «Y si pasara eso, ¿qué? ¿Qué sería lo peor de todo ello?».

Por ejemplo, si has escrito la frase «Que yo me muera», llévala un poco más allá. Si pasara eso, ¿qué sería lo peor de todo ello?

«Que mi familia se quedaría sin mí».

Desciende un nivel más. ¿Qué sería lo peor de esto?

«Que se olvidarían de mí».

¿Notas cómo la frase «Que se olvidarían de mí» tiene un poco más de sustancia que las dos frases anteriores?

Dedica un rato más a concretar y a profundizar la resonancia emocional de tu frase nuclear.


**El peor de mis miedos es...**

........................................................................................

Vamos a revisar una vez más las palabras que has escrito. Lo más probable es que tu frase nuclear contenga tres o cuatro palabras, o puede que hasta cinco o seis. Como ya hemos dicho, suele tratarse de una frase en primera o en tercera persona, que empieza o puede empezar con «yo» o «ellos», aunque también puede hacerlo con otras palabras. En muchos casos, la frase está en presente o en futuro, como si sucediera en este momento o estuviera a punto de suceder. Sientes tus palabras dentro de ti como si tuvieran vida. Cuando las pronuncias en voz alta, resuenan en tu cuerpo. Cuando la frase nuclear ha dado en el blanco, resuena más como un *tin* en un cristal que como un *bum* en una madera. Las frases nucleares suenan así:

«Estoy solo».

«Me rechazan».

«Me dejan».

«Les fallaré».

«Lo perderé todo».

«Me vendré abajo».

«Todo es culpa mía».

«Me abandonarán».

«Me traicionarán».

«Me humillarán».

«Me volveré loco».

«Haré daño a mi hijo».

«Perderé a mi familia».

«Perderé el control».

«Haré algo terrible».

«Haré daño a alguien».

«No mereceré vivir».

«Me odiarán».

«Me mataré».

«Me encerrarán».

«Me ingresarán».

«Esto no acabará nunca».

Te falta un paso más. Si has escrito una frase como «Estoy solo», deberás ajustar el dial en ambas direcciones para asegurarte de que tu frase nuclear está sintonizada de tal manera que resuene al máximo.

Por ejemplo, si tu frase es «Estoy solo», ¿no sería más exacto «Me dejan»? O, si es «Me dejan», ¿no será más bien «Me rechazan» o «Me abandonan»?

Del mismo modo que el óptico te comprueba la vista y va ajustando cada vez la graduación de las gafas, tú irás probando para asegurarte de que las palabras concuerdan exactamente con el sentimiento que llevas dentro. Sigue haciendo pruebas. ¿Tu frase nuclear es, más bien, «Ellos me abandonan» o «Yo me quedo abandonado»? Tu cuerpo sabrá cuáles son las palabras más adecuadas, y lo percibirás en las vibraciones que surgirán dentro de ti. Las palabras de tu frase nuclear provocan una reacción física, que en muchos casos es una sensación de ansiedad o de hundimiento que se produce cuando se pronuncian las palabras justas.

**Mi frase nuclear es...**

..............................................................................................................................

..............................................................................................................................

..............................................................................................................................

**Susan** había compartido los descriptores nucleares de su madre. Yo ahora quería escuchar su frase nuclear.

—¿Cuál es tu peor miedo? ¿Qué es lo peor que podría pasarte? —le pregunté.

—Me aniquilarán —contestó sin dudar—. No sé por qué, pero llevo toda la vida sintiéndome así.

¿Puedes sentir la «sustancia» emocional de una frase así? Es palpable. Pensé en cómo Susan describía la atención de su madre, como si quisiera «meterse dentro» de ella, y supe que hablaba de una ruptura del vínculo, de la sensación de no poder confiar en sus cuidados.

Existen muchas situaciones que pueden dar lugar a la frase «Me aniquilarán», y casi siempre su origen se remonta al vientre materno. Si nuestra madre sufrió un trauma importante durante su embarazo, esa podría ser nuestra frase nuclear. Tal vez nos concibió fuera del matrimonio. Quizá no quería seguir adelante con el embarazo. Es posible que nuestro padre la abandonara estando embarazada o que le fuera infiel.

En cuanto a Susan, antes de que ella naciera su madre había perdido ya dos hijos. Atemorizada ante la posibilidad de sufrir otra pérdida, la mujer no sabía cómo ese miedo afectaría a Susan. Con la placenta inundada de hormonas del estrés y la conexión con su madre empañada, Susan habrá sentido que su propia vida corría peligro. Para ella, la frase «Me aniquilarán» era el grito ahogado de un feto que sufre una angustia extrema en el vientre.

**La frase nuclear de Susan:** «Me aniquilarán».

## TIPOS DE FRASES NUCLEARES

Con tu frase nuclear afinada, ¿puedes distinguir de quién es la historia que se cuenta? ¿Es la tuya o la de otra persona? ¿Alcanzas a oír las pistas en el lenguaje? ¿Esta frase te remite a un trauma temprano que tuviste con tu madre o a una herida generacional?

Por ejemplo, supongamos que tu frase nuclear es «Estaré indefenso y desvalido». ¿En qué etapa de la vida solemos experimentar esa sensación de indefensión e impotencia? Los fetos, los bebés y los niños pequeños que no pueden protegerse de algo abrumador o de alguien dañino se sienten indefensos y desvalidos. Si esa es tu frase nuclear, es posible que vivieras una ruptura del vínculo con tu madre.

Fíjate en esta frase: «Todos me odiarán». Observa que tiene un matiz diferente al de la frase nuclear anterior. Es la frase de una persona mayor. Quizá alguien que despertó odio en la familia. O alguien que hizo algo —o a quien se le atribuyó haberlo hecho— que provocó (o pudo provocar) su expulsión de la familia o de la comunidad.

Este tipo de frases nucleares suele darse con frecuencia a raíz de la siguiente situación: alguno de nuestros progenitores o de nuestros abuelos tuvo una aventura (o varias), abandonó a la familia o despilfarró el dinero familiar. Sus actos despertaron la ira de quienes sufrieron las consecuencias. Se nota la diferencia en esta frase, que tiene un trasfondo generacional. Alguien en el pasado hizo algo dañino; sin ser conscientes de ello, nos hemos identificado con esa persona, y ahora cargamos con los efectos de sus actos, con esa sensación de que van a odiarnos. A continuación, encontrarás una lista de frases nucleares habituales. ¿Puedes distinguir si las palabras de tu frase nuclear reflejan un trauma de apego o un trauma generacional?

### Frases nucleares del trauma de apego

*Estaré solo.*

*Me abandonarán.*

*Me rechazarán.*

*Me dejarán.*

*Perderé el control.*

*Estaré indefenso.*

*Seré incapaz.*

*Me quedaré sin hogar.*

*Me aniquilarán.*

*Me destruirán.*

*No importaré.*

*No existiré.*

*Lo perderé todo.*

*Me derrumbaré.*

*Perderé a mi familia.*

*Me traicionarán.*

*Me ridiculizarán.*

*Me juzgarán.*

*Me humillarán.*

**Frases nucleares del trauma generacional**

Lo perderé todo.

Me derrumbaré.

Haré daño a alguien.

Defraudaré a alguien.

Todo será culpa mía.

Me odiarán.

Me apartarán.

Me expulsarán.

Me olvidarán.

Me volveré loco.

Me encerrarán.

Perderé a mi familia.

Haré algo terrible.

No mereceré vivir.

Perderé el control.

Mataré a alguien.

Haré daño a un niño.

Me mataré.

*¿Tu frase nuclear está más relacionada con el trauma de apego o con el trauma generacional? ¿Percibes matices de ambos?*

.......................................................................................................................................

.......................................................................................................................................

.......................................................................................................................................

## OTRAS VÍAS PARA ENCONTRAR TU FRASE NUCLEAR

Si has intentado escribir tu frase nuclear, pero no se te ha ocurrido nada, responde a la pregunta siguiente: «¿Qué es lo peor que podría pasarle a una persona?». A otra persona. No a ti. Puede que recuerdes alguna noticia de algo terrible que le pasó a un desconocido. O también puede ser que le sucediera algo terrible a alguien a quien sí conocías. ¿Qué le pasó a esa persona? Escribe sobre eso. Lo que recuerdas tiene importancia. Hasta puede que diga algo acerca de ti.

***¿Qué es lo peor que podría pasarle a otra persona?***

.......................................................................................................................................

.......................................................................................................................................

.......................................................................................................................................

En muchas ocasiones, en la tragedia de otra persona se refleja alguna faceta de nuestros peores miedos. Entre las miles de imágenes dolorosas que nos rodean, tienden a resonar en nuestro interior las que tocan una nota que nos resulta familiar, y nunca mejor dicho: *familiar* de nuestra familia. Podríamos considerar que se trata de una vía secundaria para acceder a la psique de nuestra familia. De entre todas las cosas terribles que les suceden a las personas, lo más probable es que la que nos parezca más horrible esté relacionada con algún hecho traumático de nuestra historia familiar. Puede incluso recordarnos un trauma que hayamos vivido personalmente. Cuando la tragedia de otro nos conmueve, suele haber algo en esa tragedia que nos pertenece de algún modo.

## DESENTERRAR EL ORIGEN DE TU FRASE NUCLEAR

La frase nuclear suele evocar sensaciones y sentimientos de miedo. Nos basta con pronunciarla para observar una reacción física fuerte en nuestro cuerpo. Muchas personas afirman que, cuando se dice la frase en voz alta, oleadas de sensaciones sacuden su interior. Aunque seamos nosotros quienes pronunciamos la frase nuclear y quienes portamos sus temores, ese miedo original puede arrancar de un hecho trágico que tuvo lugar incluso antes de que naciésemos. Lo que nos preguntamos es: ¿a quién pertenece ese miedo original?

Repítete tu frase nuclear. Siente cómo vibra en tu interior. Escucha dentro de ti. Imagínate por un momento que esas palabras pertenecen a otra persona. Hasta puede ser interesante que escribas tu frase nuclear para tenerla delante visualmente.

*Mi frase nuclear es...*

..................................................................................................................................................................

*Cuando la pronuncio, siento en mi cuerpo...*

..................................................................................................................................................................

..................................................................................................................................................................

..................................................................................................................................................................

*Percibo estas sensaciones en estas partes de mi cuerpo:*

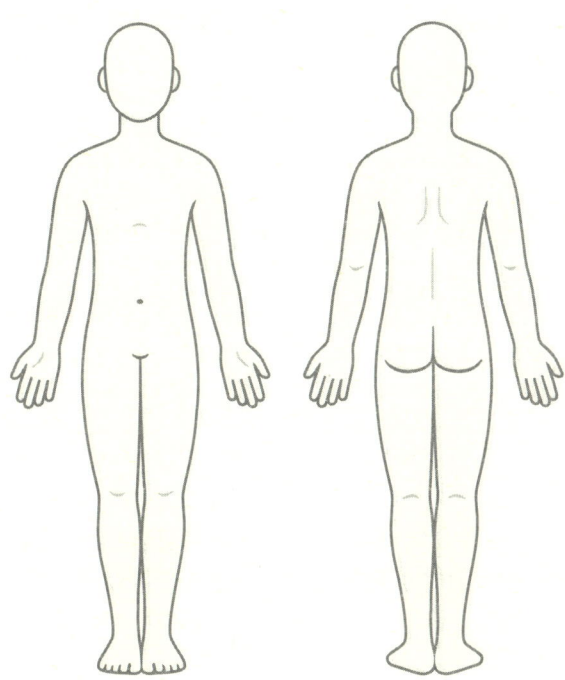

Aunque sientas que esta frase vibra en tu cuerpo, es posible que no sea tuya, sino de otra persona: alguien que experimentó un trauma grande, que cargó con sentimientos profundos de duelo o de culpabilidad, que murió de forma violenta o que llevó una vida vacía o de callada desesperación. Esta frase puede ser la de tu madre o la de tu padre. Puede pertenecer a tu abuela, a tu abuelo, o incluso a tu hermano o hermana mayor, o a un tío o tía tuyos. Y, ahora, la frase sigue viviendo en ti.

Las frases nucleares son nómadas, semejantes a los vendedores ambulantes que van llamando de puerta en puerta hasta que alguien los invita a pasar. Pero las puertas a las que llaman son las psiques de los miembros sucesivos de un sistema familiar. No somos conscientes de ello cuando las invitamos a pasar.

Estas frases afectan al modo en que te conoces a ti mismo. Afectan a las decisiones que tomas. Afectan a cómo reaccionan tu mente y tu cuerpo al mundo que te rodea. Imagínate el efecto que puede ejercer en el fondo de tu consciencia una frase como «Me va a abandonar» en el momento en que el hombre de tus sueños te pide que te cases con él. O considera el efecto que puede tener la frase nuclear «Haré daño a mi hijo» en el complicado estado biológico y emocional de una joven futura madre.

Escucha de nuevo las palabras de tu frase nuclear. Pronúncialas en voz alta.

¿Estás seguro de que esas palabras son tuyas? ¿Qué miembro de tu familia habría tenido motivos para sentir eso mismo?

Piensa en tus padres y en tus abuelos. ¿Vivieron algún hecho tan doloroso que no volvieron a hablar de ello nunca o casi nunca? ¿Perdieron a un hijo recién nacido, o tuvieron un aborto involuntario en un embarazo avanzado? ¿Sufrió alguno de ellos el abandono por parte de un gran amor, o perdieron a su padre, a su madre o a un hermano cuando eran jóvenes? ¿Se sintieron culpables de haber hecho daño a alguien, o de alguna otra cosa en general?

Si no se te ocurre nada, puedes remontarte incluso una generación más, hasta llegar a tus bisabuelos, o a un tío o tía tuyos.

**La frase nuclear de Jordan** estaba estrechamente relacionada con su queja nuclear. Cuando le pedí que me contara cuál era su mayor miedo, o lo que más temía que pudiera pasarle, respondió: «Haré algo terrible, dañaré a alguien a quien quiero y todo será culpa mía».

Ya había encontrado las palabras, pero seguía sin entender de dónde venían. Como verás en el próximo capítulo, la historia familiar de Jordan estaba marcada por un hecho trágico: su *trauma nuclear*.

**La frase nuclear de Jordan:** «Haré algo terrible, dañaré a alguien a quien quiero y todo será culpa mía».

Parece que compartimos una obligación inconsciente de resolver las tragedias del pasado de nuestra familia. Aunque no sepas nada sobre lo ocurrido en tu familia, el camino hacia la sanación sigue estando a tu alcance. Ya has hecho la parte más difícil: has identificado tu miedo más profundo. Si bien quizá cargues con las emociones asociadas a ese miedo, lo más probable es que este tenga su origen en un hecho traumático acaecido antes de que nacieras. Incluso si no sabes de qué se trata, puedes percibir su presencia. Lo sientes.

## PRÁCTICA

## RECONOCER AL MIEMBRO O MIEMBROS DE TU FAMILIA QUE ESTÁN DETRÁS DE TU FRASE NUCLEAR

Si tienes una idea clara de quién era el propietario original del miedo que se expresa en tu frase nuclear, visualiza a esa persona.

Si no tienes claro quién es esa persona, cierra los ojos. Imagínate a algún miembro de tu familia que pudo tener emociones similares a las de tu frase nuclear. Tal vez sea un tío tuyo, o tu abuela, o incluso un medio hermano mayor que tú, a quien no conociste en persona. No tienes por qué saber de quién se trata. Hasta puede que esa persona no tenga lazos familiares de sangre contigo, pero que haya hecho daño a alguien de tu familia o, a la inversa, que algún familiar tuyo le haya hecho daño.

Visualiza a la persona o personas relacionadas con el hecho traumático que está detrás de tu frase nuclear. No es necesario siquiera que sepas cuál fue aquel hecho. Ahora baja la cabeza y respira hondo. Exhala con la boca un poco abierta.

Di a esta persona o a estas personas que las respetas y que respetas todo lo que les pasó. Diles que no caerán en el olvido y que serán recordadas con amor.

Visualízalas en paz.

Siente que estas personas te otorgan su bendición para que tengas una vida plena. Mientras inspiras, percibe el efecto físico que ejercen sus buenos deseos en tu cuerpo. Mientras espiras, nota cómo las emociones de tu frase nuclear salen de tu cuerpo. Siente que el miedo se disipa como si manejaras un dial que controla su intensidad hasta dejarla a cero.

Sigue haciendo esto durante varios minutos, hasta que se te tranquilice el cuerpo.

## TU FRASE NUCLEAR, VÍA PARA TRANSFORMAR EL MIEDO

Entre todas las herramientas del lenguaje nuclear que aprenderás en este libro, la vía más directa para desvelar los traumas familiares no resueltos es tu frase nuclear, la frase que describe el peor de tus miedos. Tu frase nuclear no solo te dirige hacia el origen de tu miedo, sino que te conecta con los sentimientos de trauma familiar no resuelto que pueden seguir residiendo en tu cuerpo. Cuando tienes a la vista su origen, el miedo puede empezar a aliviarse.

# La frase nuclear:
## sus once atributos básicos

1. Suele estar asociada a un hecho traumático de tu historia familiar o de tu infancia.
2. Suele ser una frase en primera o en tercera persona («Yo...» o «Ellos...»).
3. Aunque tiene muy pocas palabras, es dramática.
4. Contiene el lenguaje de fuerte carga emocional del mayor de tus miedos.
5. Te produce una reacción física cuando se expresa en voz alta.
6. Puede servir para recuperar el «lenguaje perdido» de un trauma y para localizar el origen de este lenguaje dentro de tu historia familiar.
7. Puede servir para recuperar recuerdos de traumas que no se pudieron integrar.
8. Puede ayudarte a diferenciar si luchas con un trauma de apego o con un trauma generacional.
9. Puede proporcionarte un contexto para que entiendas las emociones, las sensaciones y los síntomas que has estado viviendo.
10. Apunta a la causa, no a los síntomas.
11. Tiene el poder de liberarte del pasado cuando la pronuncias.

Ya has recopilado todo el lenguaje nuclear que te hace falta para pasar al cuarto y último paso: cómo desvelar el trauma nuclear de tu familia.

# CAPÍTULO 7

# TU TRAUMA NUCLEAR

**A**hora vamos a reunir todas las piezas del mapa de nuestro lenguaje nuclear. Hasta aquí, hemos aprendido a extraer de nuestra queja nuclear las piedras preciosas de nuestro lenguaje nuclear. También hemos aprendido a analizar nuestros descriptores nucleares, teniendo en cuenta que los adjetivos con que describimos a nuestros padres suelen decirnos más acerca de nosotros mismos que de ellos. Hemos aprendido también que la frase que expresa el mayor de nuestros miedos, nuestra frase nuclear, puede conducirnos hasta un trauma anterior dentro de nuestro sistema familiar. Lo último que nos falta por aprender es a tender un puente para llegar hasta nuestro trauma nuclear, hasta el trauma no resuelto de nuestra infancia o de la historia familiar.

Hay dos maneras de desenterrar el trauma nuclear. La primera es por medio de un genograma, un diagrama de un árbol genealógico. La segunda es por medio de una pregunta puente.

# LA PREGUNTA PUENTE

Si has conectado con ese lenguaje apremiante que expresa tu miedo más profundo, pero no tienes claro de dónde proviene, la pregunta puente puede ayudarte a identificar al familiar de quien podrías haberlo heredado. Si excavas los sentimientos del mayor de tus miedos, puedes llegar hasta la persona de tu sistema familiar que tuvo motivos para sentir eso mismo que tú sientes. Como nuestra frase nuclear puede proceder de una generación pasada, localizar a su legítimo propietario puede darnos la paz y la comprensión, no solo a nosotros, sino también a nuestros hijos.

Por expresarlo de una manera sencilla, una pregunta puente es una pregunta con la que se relaciona el presente con el pasado. Regresa a tu frase nuclear y convierte ese miedo en una pregunta. Piensa en todas las combinaciones relevantes que podrían expresarse en forma de miedo y que tiene un descendiente en la familia.

Por ejemplo, si el mayor de tus miedos es que puedes «hacer daño a un niño», pon ese miedo en forma de pregunta:

- ▶ ¿Qué niño de tu sistema familiar sufrió daños, abandono o malos tratos, o fue entregado en adopción?

- ▶ ¿Qué miembro de tu sistema familiar podría haberse culpado a sí mismo de haber hecho daño a un niño, o de no haber velado por su seguridad?

- ▶ ¿Quién podría sentirse culpable de haber realizado actos o de haber tomado decisiones que hicieron daño a un niño?

- ▶ ¿Quién podría considerarse a sí mismo culpable de la muerte de un niño?

## IDENTIFICAR LAS PREGUNTAS PUENTE
## A PARTIR DE TU FRASE NUCLEAR

*Mi frase nuclear es...*

.......................................................................................................................................

*Mis preguntas puente son...*

.......................................................................................................................................

.......................................................................................................................................

.......................................................................................................................................

.......................................................................................................................................

Es probable que una o varias de estas preguntas te conduzcan hasta el origen de tu miedo. Pero no siempre puede ser fácil acceder a él. Muchos padres y abuelos guardan una reserva absoluta sobre el pasado familiar, y así se puede perder para siempre una información valiosa.

Cuando las personas sufren mucho, suelen intentar rehuir su dolor emocional para distanciarse de él. Creen que de este modo se están protegiendo a sí mismos y a sus hijos. Pero el hecho de no atender al dolor tiene el efecto de hacerlo más profundo. Lo que se oculta a la vista suele crecer en intensidad. Guardar silencio sobre un dolor familiar no suele ser una estrategia eficaz para curarlo. Ese sufrimiento volverá a salir a relucir en época posterior y, en muchos casos, se manifestará en los miedos o en los síntomas de otra generación.

**Jordan** había dado con su miedo más profundo a través de su frase nuclear: «Haré algo terrible y dañaré a alguien a quien quiero, y todo será culpa mía». Ahora tocaba averiguar de dónde provenía ese miedo.

Como tenía trato habitual con ambos progenitores, le asigné algunos deberes sobre preguntas puente:

- ¿Quién de la familia podría haberse culpado por haber hecho daño a un ser querido a los diecisiete años?

- ¿Quién pudo haberse sentido responsable de la muerte de alguien?

- ¿Hubo alguien en la familia que cargara con la culpa por actos o decisiones que hirieron a un ser querido?

- ¿Hubo algún miembro de la familia que sufriera un daño, fuera dado en adopción o maltratado a los diecisiete años?

- ¿Hubo alguien que sufriera un daño a manos de un miembro de la familia a los diecisiete años, o cuando ese familiar tenía esa edad?

Le recordé a Jordan que su sistema familiar no solo incluye a sus parientes de sangre, sino también a cualquiera que haya hecho daño, asesinado o se haya aprovechado de un miembro de su familia, así como a cualquiera al que un miembro de su familia haya hecho daño, asesinado o se haya aprovechado de él.

Cuando Jordan llamó a su padre, el misterio se resolvió con la primera pregunta:

—¿Hubo alguien en nuestra familia que se culpara por haber hecho daño a un ser querido cuando tenía diecisiete años? —preguntó Jordan.

Su padre se quedó impactado.

—¿Cómo lo has sabido? Mi padre, tu abuelo, tenía diecisiete años cuando atropelló sin querer a su mejor amigo con el camión. Nunca volvió a hablar del tema. Yo lo supe por mi tía, que me lo contó después de que él muriera. Dijo que jamás volvió a ser el mismo, que no dejó de culparse.

Sin saberlo, Jordan había estado viviendo la historia de su abuelo: el horror absoluto de haber matado a su mejor amigo. ¿Cómo se sentiría su abuelo cada vez que subía al camión? ¿Cómo no le iba a venir a la cabeza esa imagen una y otra vez? «Dios mío, ¿qué he hecho?». A través de la herencia epigenética, Jordan cargaba con ese mismo horror.

Podrás completar tu mapa del lenguaje nuclear, aunque no consigas descubrir lo que pasó en tu familia. Tu frase nuclear te apuntará hacia el trauma familiar. Tu pregunta puente te servirá para atar cabos, a pesar de que los detalles concretos sean imprecisos o falten.

La pregunta puente es un medio para descubrir los traumas no resueltos de tu familia. Otro medio para ello es trazar tu árbol genealógico y construir un genograma sobre el papel.

## EL GENOGRAMA

Un genograma es una representación visual bidimensional de un árbol genealógico. Es un mapa. Cada imagen nos lleva a la siguiente, aunque no sepamos exactamente lo que buscamos. Al trazarlo, podemos arrojar luz sobre un rastro de sufrimiento que se extiende desde un acontecimiento trágico del pasado.

Para crear el tuyo darás los pasos siguientes:

1. Prepara un diagrama de las tres o cuatro últimas generaciones de tu familia, en el que aparezcan tus padres, abuelos, bisabuelos, hermanos, tíos y tías. No hace falta que te remontes más allá de tus bisabuelos. Incluye a los hijos de tus padres, de tus abuelos y de tus bisabuelos. No hace falta que añadas a los hijos de tus tíos, tías o hermanos. Traza el

árbol genealógico representando a los varones con cuadrados y a las mujeres con círculos. (Consulta el diagrama de la página 131). Puedes dibujar las ramas del árbol genealógico con líneas, para indicar quién pertenece a cada generación. Elige el método que prefieras.

2. Junto al cuadrado o el círculo que representa a cada miembro de la familia, escribe los traumas importantes y el destino difícil que vivió esa persona. Si tus padres todavía viven, puedes pedirles que te cuenten lo que sepan. Si no puedes obtener algunas respuestas, no te preocupes. Bastará con lo que sabes tú.

Entre los hechos traumáticos pueden contarse los siguientes. ¿Quién murió joven? ¿Quién se marchó? ¿Quién fue abandonado, aislado o excluido de la familia? ¿Quién fue adoptado, o quién dio a un hijo en adopción? ¿Quién murió en un parto? ¿Quién tuvo un aborto o un niño que nació muerto? ¿Quién se suicidó? ¿Quién cometió un delito grave? ¿Quién perdió su casa o sus bienes y le costó recuperarse de ello? ¿Quién fue olvidado o sufrió en la guerra? ¿Quién murió en el Holocausto o en algún otro genocidio? ¿Quién murió asesinado? ¿Quién cometió un asesinato? ¿Quién se sintió responsable de la muerte o de la desgracia de otro?

Estas preguntas son importantes. Si algún miembro de tu familia hizo daño o asesinó a otra persona, incluye en tu árbol genealógico el nombre de la persona perjudicada o asesinada. Debes añadir a las víctimas a las que hicieron daño los miembros de tu familia, pues esas personas han pasado a formar parte de tu sistema familiar y te puedes identificar con ellas. Del mismo modo, incluye también a cualquier persona que hizo daño o que asesinó a un miembro de tu familia, pues también te puedes identificar inconscientemente con esa persona.

Sigamos adelante. ¿Quién hizo daño, engañó o se aprovechó de otra persona? ¿Quién se benefició de una pérdida de otra persona? ¿Quién fue acusado de algo injustamente? ¿Quién fue a la cárcel o a un centro psiquiátrico? ¿Quién tenía una incapacidad física, emocional o mental? ¿Cuál de tus padres o de tus abuelos tuvo una relación de pareja importante antes de casarse, y qué pasó? Incluye a las parejas anteriores de tus padres y de tus abuelos. Incluye también a cualquier persona que se te ocurra a la que hizo mucho daño alguien o que hizo mucho daño a alguien.

3. Escribe tu frase nuclear como encabezamiento del genograma. A continuación, observa a cada uno de los miembros de tu sistema familiar. ¿Cuál de ellos tendría motivos para sentirse como tú te sientes? Esa persona podría ser tu madre o tu padre, sobre todo si alguno de los dos tuvo un destino difícil o si el otro miembro de la pareja no lo respetaba. También pudo ser esa hermana de tu abuela que acabó en un psiquiátrico, o ese hermano mayor tuyo que nació muerto antes de que nacieras tú. Suele ser una persona de la que no se habla mucho en la familia.

Observa el ejemplo siguiente. Este genograma cuenta la historia de una mujer llamada Ellie, que vivía acosada por el miedo a volverse loca. Ellie siempre había creído que aquel miedo salía de ella misma, hasta que construyó la línea materna de su genograma.

# FRASE NUCLEAR: «VOY A VOLVERME LOCA»

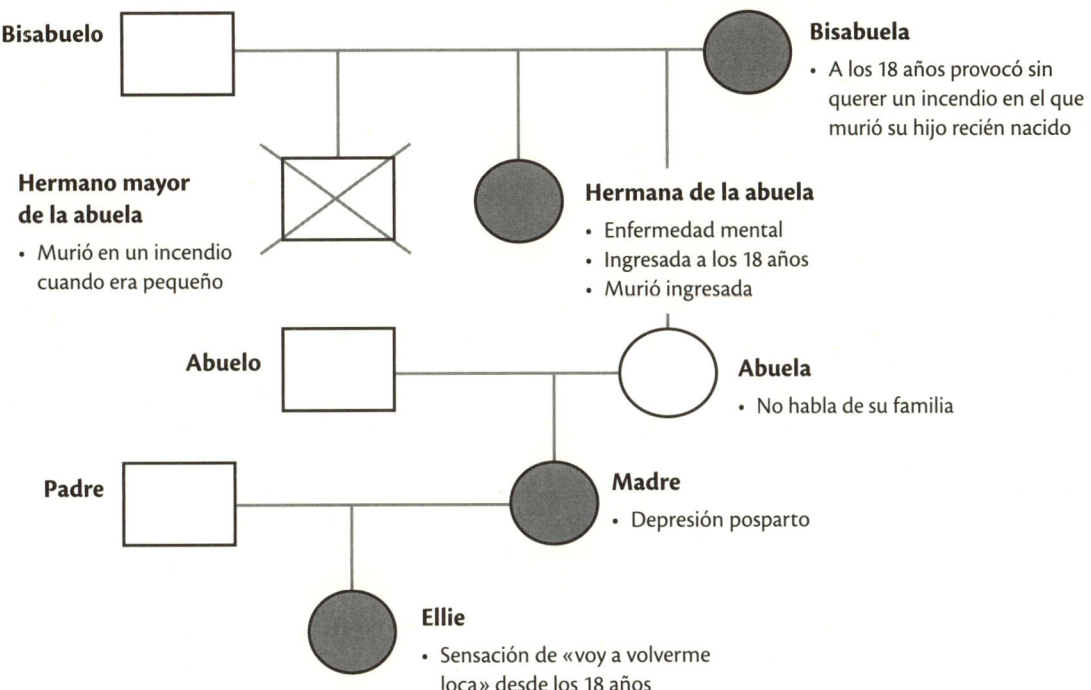

**Bisabuelo**

**Bisabuela**
- A los 18 años provocó sin querer un incendio en el que murió su hijo recién nacido

**Hermano mayor de la abuela**
- Murió en un incendio cuando era pequeño

**Hermana de la abuela**
- Enfermedad mental
- Ingresada a los 18 años
- Murió ingresada

**Abuelo**

**Abuela**
- No habla de su familia

**Padre**

**Madre**
- Depresión posparto

**Ellie**
- Sensación de «voy a volverme loca» desde los 18 años

Se aprecia claramente en el genograma que la sensación de volverse loca no procede de la generación de la misma Ellie. La tía abuela de Ellie quedó ingresada en un psiquiátrico cuando tenía dieciocho años y murió sola y olvidada. Ningún miembro de la familia pronunciaba su nombre ni contaba su historia. Ellie ni siquiera sabía que su abuela había tenido una hermana, y solo se enteró de ello a base de hacer averiguaciones.

Es interesante el dato de que la tía abuela fue ingresada en un hospital psiquiátrico cuando tenía dieciocho años, la misma edad que había tenido la bisabuela cuando provocó involuntariamente el incendio en el que murió su hijo recién nacido. Cuando Ellie tuvo esta visión general de las tres generaciones, pudo entender las cosas de una manera nueva. ¿De quién eran esos sentimientos de locura que había revivido la tía abuela? Y, lo que es más importante, ¿qué historia intentaba sacar a la luz de nuevo Ellie reviviendo aquel mismo miedo? Una vez trazado el genograma, empezaba a aclararse la oscura historia de la familia de Ellie.

Ellie empezó a tener miedo de volverse loca cuando terminó los estudios secundarios, a los dieciocho años. Y aquel mismo miedo que le había estado agotando la fuerza vital la guiaba ahora en un viaje de autodescubrimiento. Cuanto más estudiaba el genograma, más relaciones establecía.

Ellie recordaba que su madre le había dicho que había sufrido depresión posparto durante el primer año de su vida. La madre de Ellie, en su padecimiento, también estaba cargando con el trauma de la bisabuela. La madre de Ellie le reconoció que, desde el momento que había nacido ella, había empezado a obsesionarse con la idea de que iba a pasar algo terrible. En concreto, estaba aterrorizada por el temor de hacer algo, sin querer, que provocara la muerte de su hija. Durante el embarazo le surgieron unos sentimientos insoportables de temor, que se intensificaron aún más cuando nació Ellie. La madre de Ellie no llegó a establecer la conexión entre aquello y lo que había pasado en su familia. Los hechos de los que no se hablaba conscientemente en la familia se expresaban inconscientemente en los miedos, los sentimientos y las conductas de sus miembros.

## EJERCICIO

## CREAR TU GENOGRAMA

Para este ejercicio, utiliza la hoja de trabajo del genograma que aparece a continuación. Haz un esquema de los miembros de tu familia, representando a los varones con cuadrados y a las mujeres con círculos, acompañando a cada uno de ellos con los traumas importantes y los destinos difíciles que vivieron. Encabeza la hoja con tu frase nuclear.

## FRASE NUCLEAR:

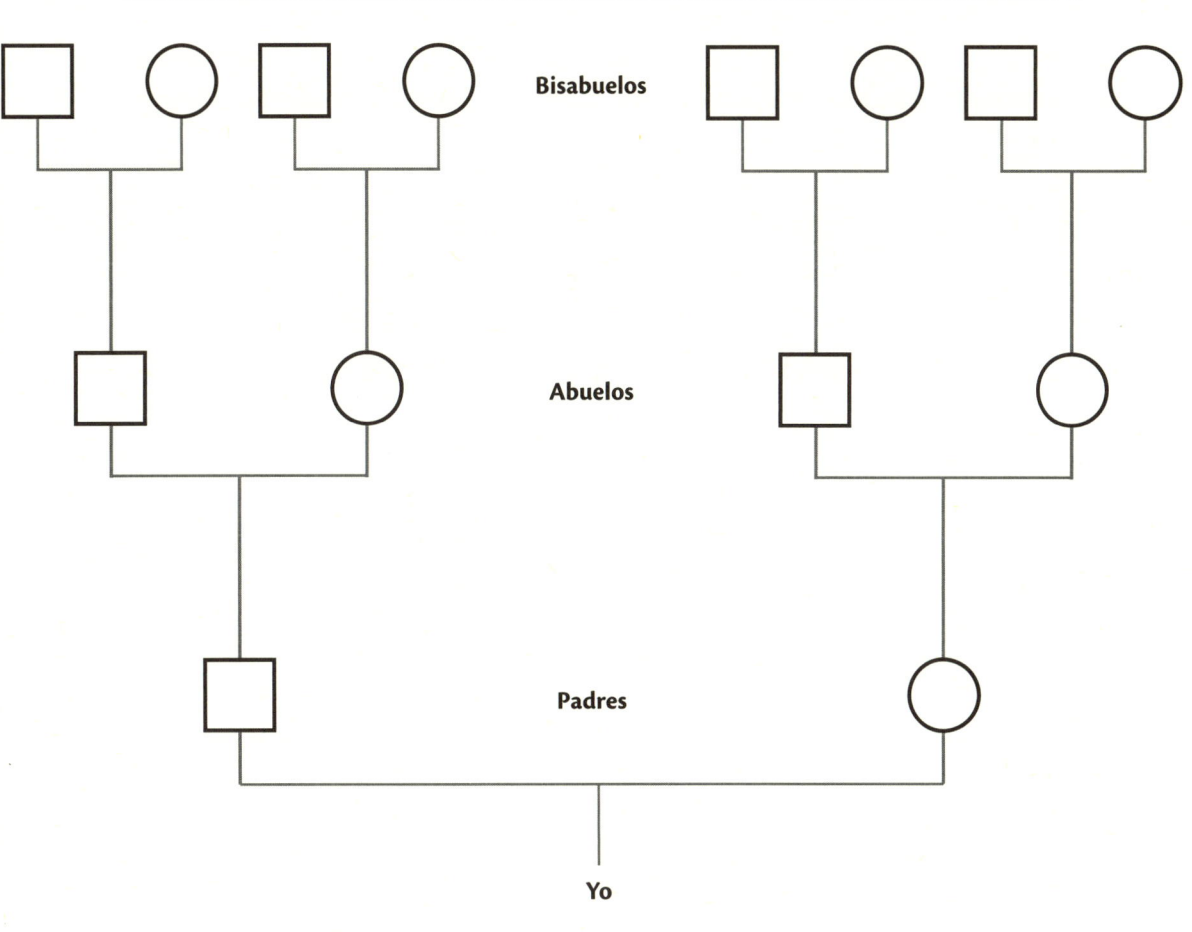

Ahora, contempla tu genograma con tranquilidad. Deja que tus ojos asimilen el cuadro general sin detenerte demasiado en los detalles. Absorbe la energía de ambos lados de tu familia. Siente el peso de las emociones en cuyo seno naciste, su ligereza o pesadez. Compara tu línea paterna con tu línea materna. ¿Cuál de las dos líneas te parece más pesada? ¿Cuál de las dos te produce mayor sensación de carga? Repasa los hechos traumáticos. ¿Quién sufrió un destino más difícil? ¿Quién tuvo la vida más complicada? ¿Qué sentían de esta persona los demás miembros de la familia? ¿De qué o de quién no se hablaba casi nunca en tu familia? Si solo dispones de información incompleta, no te preocupes. Déjate guiar por tus pensamientos, tus sentimientos y tus sensaciones corporales.

Ahora, pronuncia en voz alta tu frase nuclear. ¿Qué miembro de la familia pudo compartir sentimientos similares? ¿Quién pudo sufrir emociones semejantes? Es probable que tu frase nuclear existiera ya desde mucho antes de que tú nacieras siquiera.

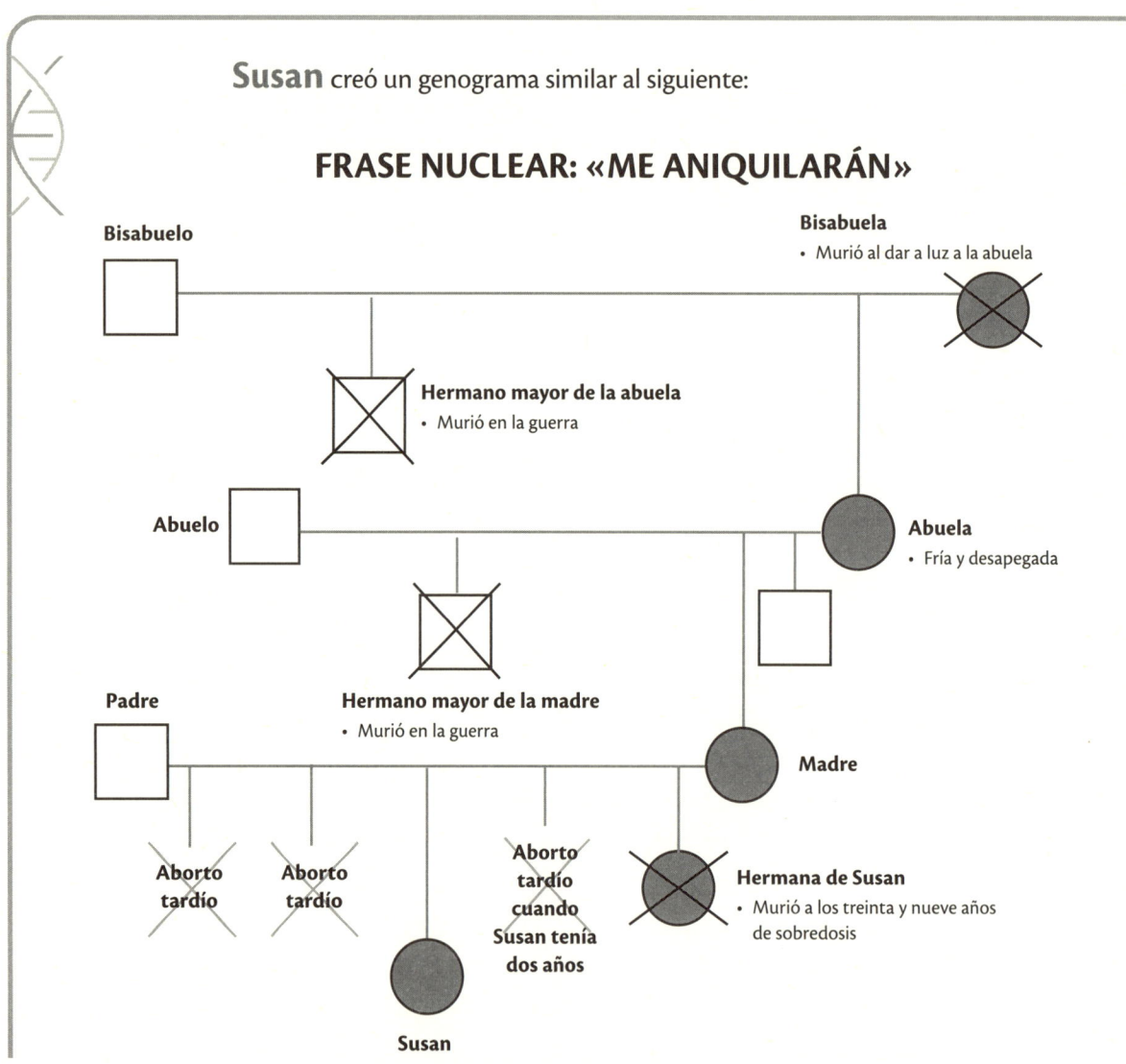

**Susan** creó un genograma similar al siguiente:

## FRASE NUCLEAR: «ME ANIQUILARÁN»

**Bisabuelo**

**Bisabuela**
• Murió al dar a luz a la abuela

**Hermano mayor de la abuela**
• Murió en la guerra

**Abuelo**

**Abuela**
• Fría y desapegada

**Hermano mayor de la madre**
• Murió en la guerra

**Padre**

**Madre**

**Aborto tardío**

**Aborto tardío**

**Aborto tardío cuando Susan tenía dos años**

**Hermana de Susan**
• Murió a los treinta y nueve años de sobredosis

**Susan**

Al analizar el genograma de Susan, vemos que la frase nuclear «Me aniquilarán» comenzó con su abuela, que pasó nueve meses en el vientre de su madre y luego perdió a esta bruscamente durante el parto. La conmoción y el terror debieron de resultarle aniquiladores. Es probable que este impacto se transmitiera de forma epigenética, como ADN alterado, a Susan, a su madre y a su hermana.

Para Susan, ese terror a la aniquilación se reactivó en el vientre materno. Tras haber perdido a dos bebés antes, la madre estaba convencida de que Susan también moriría. El miedo, en forma de cortisol, inundó su vientre y empañó el vínculo entre ella y su bebé. Al igual que le sucedió a su abuela, Susan debió de sentir el impacto de verse desconectada del calor, los cuidados y la sintonía de su madre. Para ella, habría sido como si no hubiera nadie.

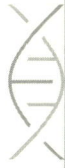

## El rastro del trauma

Percibe las reverberaciones de tu frase nuclear. ¿Resuena en la historia de tu familia? ¿Deja un rastro que puedas seguir? De ser así, ¿hasta dónde se remonta? ¿Llega a tus abuelos, bisabuelos o incluso más atrás?

Vuelve a mirar el genograma. ¿Qué patrones observas?

Como recordatorio, estos son algunos de los más comunes:

**Edades que se repiten.** ¿Algún miembro de tu familia sufrió un trauma a una edad similar? Quizá tu abuelo murió en un accidente en el campo cuando tenía cuarenta y cinco años y tu padre falleció de cáncer a los cuarenta. Quizá tu abuela se quedó viuda a los treinta y cuatro años y tu madre se separó en la mitad de la treintena. Tal vez las dos siguieron solas a partir de entonces y tú has reproducido ese patrón de soledad.

**Acontecimientos que se repiten.** ¿Ves algún patrón de muertes tempranas, matrimonios rotos, suicidios o aislamiento? Puede que en cada generación muriera un hijo a una edad parecida o con una posición similar en el orden de nacimiento.

**Emociones, conductas y síntomas que se repiten.** ¿Percibes un rastro de enfermedades parecidas, de emociones como tristeza, duelo, culpa o rabia, o de dificultades como encarcelamientos o adicciones que se transmiten de generación en generación?

¿Puedes reconocer *tu* frase nuclear en las historias de quienes te precedieron?

¿Puedes identificar algún otro patrón?

Marca tu genograma con un rotulador fluorescente o un bolígrafo de color para señalar estos rastros de trauma.

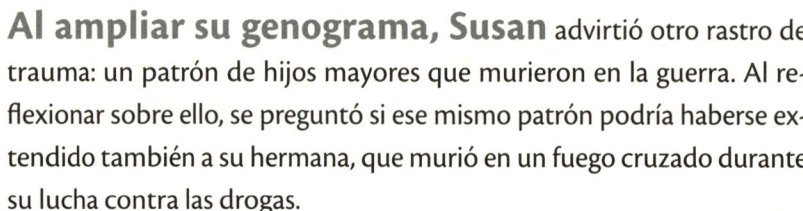

**Al ampliar su genograma, Susan** advirtió otro rastro de trauma: un patrón de hijos mayores que murieron en la guerra. Al reflexionar sobre ello, se preguntó si ese mismo patrón podría haberse extendido también a su hermana, que murió en un fuego cruzado durante su lucha contra las drogas.

Curiosamente, el hijo mayor de Susan siempre había querido ser militar y servir en primera línea en las misiones más peligrosas. Ahora tenía diecisiete años y se estaba preparando para alistarse, a pesar de que le habían ofrecido una beca universitaria. Al reconocer el patrón, Susan le mostró el genograma a su hijo. No le dijo lo que tenía que hacer, simplemente le permitió digerir la información. Dos semanas después, su hijo le dijo que había decidido no alistarse. Aceptó la beca y se ofreció como voluntario para trabajar como paramédico en su tiempo libre.

Cuando trabajé con Susan, me di cuenta de que aún arrastraba sentimientos no resueltos por la trágica muerte de su hermana pequeña por sobredosis. En una de nuestras sesiones, le propuse el siguiente ejercicio. Si tienes un hermano que haya sufrido mucho o que haya muerto, quizá tú también quieras probar esta práctica.

## PARA UN HERMANO QUE SUFRE

Si tienes un hermano que está pasando por dificultades —ya sea por una adicción, por estar sin hogar o por una enfermedad crónica— o que haya muerto trágicamente, míralo con los ojos de la mente. Esté donde esté, haya fallecido o siga vivo, viva en la calle o en casa de tus padres, dile:

«Ahora que veo nuestra historia familiar, lo entiendo mejor. Gracias por cargar con tanto. Al haberlo soportado tú, no tuve que hacerlo yo. Al haber sufrido tanto, yo pude vivir con más libertad. Perdona si te juzgué. Ahora reconozco lo que hiciste por nuestra familia y quiero honrarte por el dolor que cargas/cargaste».

Ahora, imagina que tu hermano recibe estas palabras. Inhala todo el sufrimiento que atravesó y, al exhalar, envíale comprensión, compasión y apoyo. Repite este proceso varias veces hasta sentir que ha recibido tu amor.

## UN MAPA PARA ENCONTRAR TU HOGAR

Si has llegado hasta aquí en la lectura del libro, seguramente habrás recopilado ya los elementos esenciales de tu mapa del lenguaje nuclear. Habrás descubierto palabras o frases que creías que eran tuyas pero que, en realidad, pueden haber pertenecido a otras personas. Es probable que hayas establecido también relaciones con tu historia familiar, desenterrando los hechos traumáticos o las lealtades calladas de las que ha brotado este lenguaje.

Ahora ha llegado el momento de reunir todos estos elementos y de dar el paso siguiente. He aquí una lista de todo lo que te hará falta:

▶ Tu queja nuclear: el lenguaje nuclear que describe la más honda de tus preocupaciones, de tus luchas o de tus quejas.

▶ Tus descriptores nucleares: el lenguaje nuclear que describe a tus padres.

► Tu frase nuclear: el lenguaje nuclear que describe el peor de tus miedos.

► Tu trauma nuclear: el hecho o hechos de tu familia que se ocultan detrás de tu lenguaje nuclear.

Sobre la base de lo que has reflexionado hasta ahora, escribe aquí tu mapa del lenguaje nuclear:

*Mi queja nuclear:*

..................................................................................................................

*Mis descriptores nucleares:*

..................................................................................................................

*Mi frase nuclear:*

..................................................................................................................

*Mi trauma nuclear:*

..................................................................................................................

Tu mapa del lenguaje nuclear es la antorcha que ilumina tu camino en el viaje de sanación. Teniendo a la vista la relación con tu historia familiar, el único paso que te falta es aplicarte a ti mismo todo lo que has descubierto. Es probable que las cosas que han quedado sin decir o invisibles dentro de la historia de tu familia también hayan quedado ocultas en las sombras de tu propia conciencia. Una vez que estableces la relación, lo que antes estaba oculto puede convertirse en oportunidad para la curación. Algunas veces debemos aplicar cuidado y atención para integrar plenamente las nuevas imágenes que surgen. En los capítulos siguientes harás ejercicios y se te propondrán prácticas y frases que te reforzarán esas imágenes y te llevarán hacia una mayor integridad y libertad.

Pero, antes de entrar en ese tema, vamos a unir algunas piezas.

# EJERCICIO

## HACER LAS PACES CON TU HISTORIA FAMILIAR

(Si has descubierto que tu problema es únicamente una ruptura del vínculo con tu madre, y no te identificas con otros acontecimientos traumáticos de la historia familiar, encontrarás lo que buscas en el capítulo 9).

*Escribe el lenguaje de tu queja nuclear o frase nuclear que tiene la máxima carga emocional o que te inspira las mayores emociones cuando lo dices en voz alta.*

......................................................................................................................................

*Escribe también tu trauma nuclear: el hecho o hechos traumáticos que están relacionados con este lenguaje nuclear.*

......................................................................................................................................

*Haz una lista de todas las personas a las que afectó ese hecho. ¿Quién fue el mayor perjudicado? ¿Tu madre? ¿Tu padre? ¿Un abuelo o abuela? ¿Un tío o tía? ¿A qué persona no se reconoce dentro de la familia, o no se habla de ella? ¿Hay un hermano que se dio en adopción o que no sobrevivió? ¿Hubo un abuelo o bisabuelo que abandonó la familia, que murió joven o que sufrió de alguna manera terrible? ¿Alguno de tus padres o abuelos estuvo casado o comprometido antes con otra persona? ¿Se reconoce a esa persona dentro de la familia? ¿Hay alguna otra persona ajena a la familia a la que se condena, se rechaza o se culpa por haber hecho daño a un miembro de la familia? ¿Hubo alguien en tu familia que hiciera daño a otra persona? ¿Se reconoce a la víctima de ese daño?*

......................................................................................................................................

......................................................................................................................................

......................................................................................................................................

*Describe lo que pasó. ¿Qué imágenes te vienen a la cabeza cuando lo escribes? Pasa un breve rato visualizando lo que pudieron sentir o vivir esas personas. ¿Cómo reacciona tu cuerpo cuando piensas en ello?*

.......................................................................................................

.......................................................................................................

.......................................................................................................


*¿Hay algunos miembros de tu familia hacia los que te sientas atraído especialmente? ¿Te sientes arrastrado emocionalmente? ¿En qué parte de tu cuerpo lo sientes? ¿Es en una parte que te resulta familiar? ¿Sueles tener sensibilidades o síntomas especiales en esa zona del cuerpo?*

.......................................................................................................

.......................................................................................................

.......................................................................................................


Pon la mano sobre esa zona del cuerpo y deja que se llene con tu respiración. Visualiza al familiar o familiares que participaron en este hecho. Diles: «Sois importantes. Haré un gesto significativo en vuestro honor. Haré que de esta tragedia salga algo bueno. Viviré mi vida de la manera más plena posible, sabiendo que esto es lo que queréis para mí».


*Constrúyete un lenguaje personal propio que reconozca la conexión singular que mantienes con esta persona o personas.*

.......................................................................................................

.......................................................................................................

.......................................................................................................

# CAPÍTULO 8

# DEL ENTENDIMIENTO
# A LA INTEGRACIÓN

**El proceso de volver a vivir experiencias inconscientemente** puede perdurar a lo largo de las generaciones. Podemos romper este ciclo cuando nos damos cuenta de que hemos estado portando emociones, sentimientos, conductas o síntomas que no han salido de nosotros. Para ello, empezamos por realizar una acción consciente con la que reconocemos el hecho trágico y a las personas a las que afectó. Esta acción suele comenzar por una conversación que mantenemos, ya sea internamente o con un miembro de la familia, en persona o por medio de la visualización.

En los capítulos 9 y 10 encontrarás ejercicios para reparar la ruptura del vínculo con tu madre, si la hubiera, y también para trabajar otros traumas heredados de tu historia familiar. Antes de pasar a la parte práctica, permíteme que te muestre cuáles son algunos de los elementos fundamentales y por qué resultan tan eficaces. Son frases sanadoras, imágenes resonantes, rituales y experiencias que se sienten en el cuerpo.

# CREAR FRASES CURADORAS PERSONALES

El doctor Andrew Newberg, neurocientífico que ejerce en el Hospital Universitario Thomas Jefferson, y su colega Mark Robert Waldman han escrito en su libro *Words Can Change Your Brain* (Las palabras te pueden cambiar el cerebro): «Una sola palabra tiene la capacidad de influir sobre la expresión de los genes que regulan el estrés físico y emocional»[19]. Los autores explican que nos basta con concentrarnos en las palabras positivas para ejercer sobre determinadas zonas del cerebro un efecto que puede mejorar nuestro concepto de nosotros mismos y de las personas con las que nos tratamos[20].

He descubierto que las palabras adecuadas pueden liberarnos de vínculos y de lealtades familiares inconscientes y poner fin al ciclo del trauma heredado. Las frases que siguen generan nuevas experiencias en nuestro interior. Tanto si son de reconciliación como de resolución, pueden llevarnos a imágenes vivificantes y a sensaciones corporales de bienestar.

## Ejemplos de frases curadoras

Trabajé con un hombre que descubrió que había estado compartiendo inconscientemente el aislamiento y la soledad de su abuelo, al que habían rechazado en su familia. Dijo las palabras siguientes: «Yo también he estado aislado y solo, como tú. Ahora veo que esto ni siquiera es mío. Sé que no es lo que quieres tú para mí. Y sé que es una carga para ti verme sufrir de esta manera. A partir de ahora, viviré mi vida conectado con las personas que me rodean. Lo haré en tu honor».

Otra consultante comprendió que había estado compartiendo inconscientemente la infelicidad y los fracasos en las relaciones de pareja de su madre y de su abuela. Dijo las frases siguientes: «Mamá, te pido tu bendición para que yo sea feliz con mi marido, a pesar de que tú no pudiste ser feliz con papá. Disfrutaré de mi amor con mi marido en vuestro honor, para que los dos veáis que me van bien las cosas».

Una joven con la que trabajé me confesó que llevaba viviendo en un estado de ansiedad y tensión desde que tenía uso de razón. Dedicó estas palabras a su madre, que había muerto en el parto cuando nació ella: «Siempre que tenga ansiedad, sentiré que tú me sonríes, que me apoyas, que me impartes tu bendición para que esté bien. Siempre que sienta mi aliento dentro de mí, te sentiré a ti conmigo y sabré que eres feliz por mí».

### Otras frases curadoras

«Te prometo que viviré plenamente mi propia vida, en vez de volver a vivir lo que te pasó a ti».

«Lo que te pasó no habrá sido en vano».

«Lo que pasó me servirá de fuente de energía».

«Valoraré la vida que me diste haciendo cosas buenas con ella».

«Haré un gesto significativo para dedicártelo».

«Siempre estarás en mi corazón».

«Encenderé una vela por ti».

«Haré una vida plena en tu honor».

«Viviré mi vida con amor».

«Haré que de esta tragedia salga algo bueno».

«Ahora lo entiendo. Entender las cosas viene bien».

*¿Te sientes identificado con alguna de las frases sanadoras anteriores? De ser así, ¿con cuál o cuáles? ¿A quién te imaginas diciéndosela(s)?*

| FRASE CURADORA CON LA QUE ME IDENTIFICO | A QUIÉN SE LA DIRÍA |
|---|---|
|  |  |
|  |  |
|  |  |
|  |  |
|  |  |

*¿Se te ocurre otra frase sanadora que podrías pronunciar?*

..........................................................................................................................................

..........................................................................................................................................

..........................................................................................................................................

## LAS IMÁGENES CURADORAS Y NUESTRO CEREBRO

Nuestras mentes tienen una gran capacidad para sanarse por medio de las imágenes. Ya nos imaginemos una escena de perdón, de consuelo o de liberación, o ya nos limitemos a visualizar a un ser querido, las imágenes pueden asentársenos profundamente en el cuerpo y hundírsenos en la mente. A lo largo de mi trabajo, he descubierto que ayudar a las personas a desenterrar la imagen que más les resuena es la piedra angular de la curación.

La ciencia confirma esta idea. Doidge revolucionó nuestro concepto del funcionamiento del cerebro humano introduciendo una nueva visión del cerebro como flexible y capaz de cambiar, en lugar de fijo e inamovible como se le consideraba hasta entonces. Sus trabajos muestran cómo las experiencias nuevas pueden crear nuevas vías neuronales. Estas nuevas vías neuronales se refuerzan con la repetición y se profundizan con la atención centrada. En esencia, cuanto más practicamos algo, más entrenamos a nuestro cerebro para el cambio. Con la repetición suficiente, puede convertirse en algo automático.

Obtenemos máximos beneficios cuando practicamos el tener una experiencia nueva que consideramos positiva, fructífera o significativa, una experiencia que nos despierta sentimientos de curiosidad y de asombro. Puede tratarse de una experiencia de recibir consuelo o apoyo, de sentir compasión o gratitud; en última instancia, puede ser cualquier cosa que nos permita sentir fuerza o paz dentro de nosotros.

Cuando reproducimos repetidas veces los sentimientos y las sensaciones asociados a esta nueva experiencia, no solo pueden empezar a agruparse determinadas estructuras de nuestro cerebro, sino que podemos estimular la liberación de neurotransmisores del bienestar, como la serotonina y la dopamina, o de hormonas del bienestar, como la oxitocina. Hasta podemos afectar al modo en que se expresan nuestros genes. Los mismos genes que intervienen en la respuesta de estrés del cuerpo pueden empezar a funcionar de otra manera mejor.

Rachel Yehuda, profesora de psiquiatría y neurociencia de la Universidad de Nueva York, afirma: «No puedes cambiarte el ADN; pero, si eres capaz de cambiar cómo funciona tu ADN, viene a ser lo mismo»[21].

## LO QUE IMAGINAMOS, LO HACEMOS POSIBLE

Cuando establecemos la relación con lo que está detrás de nuestros miedos y de nuestros síntomas, ya estamos abriendo nuevas posibilidades de resolución. En algunos casos, nos basta con haber alcanzado esta nueva comprensión para que dejemos de lado nuestras viejas imágenes dolorosas e iniciemos una liberación visceral que podremos sentir en el núcleo mismo de nuestro cuerpo. En otros casos, establecer la relación solo tiene el efecto de que comprendamos mejor, pero nos hace falta algo más para integrar plenamente lo que hemos descubierto. Necesitaremos frases, ritos, prácticas o ejercicios que nos ayuden a forjar una nueva imagen interior. La nueva imagen puede llenarnos de una provisión interior de calma y convertirse en un punto de referencia de paz interior al que podemos regresar una y otra vez. Con pensamientos, sentimientos y sensaciones nuevas, inauguramos una nueva experiencia interior de bienestar que empieza a competir con nuestras viejas reacciones traumáticas y con el poder de estas para llevarnos por el mal camino.

Es muy poco probable que alguien tenga una vida completamente exenta de traumas. Los traumas no duermen, ni siquiera con la muerte; antes bien, siguen buscando terreno fértil para su resolución en las criaturas de las generaciones siguientes. Por fortuna, los seres humanos tenemos resistencia y somos capaces de curarnos los traumas de casi todos los tipos. Esto puede suceder en cualquier momento de nuestras vidas. Lo único que necesitamos es disponer de las ideas y de las herramientas adecuadas.

Aunque no seamos conscientes de ello, nuestras imágenes interiores, nuestras creencias, expectativas, supuestos y opiniones influyen poderosamente sobre nuestra vida. Si tenemos grabadas cosas tales como «Nunca me va bien en la vida», o «Fracasaré en todo lo que intente», o «Tengo débil el sistema inmunitario», pueden hacer de modelo en el que se inspire la marcha real de nuestra vida, que nos limita a la hora de asimilar experiencias nuevas y que afecta a nuestra capacidad de curación. Imagínate el efecto que puede tener sobre tu cuerpo la imagen interior «Tuve una infancia difícil». O las imágenes «Mi madre era cruel» o «Mi padre era un maltratador emocional».

Aunque estas imágenes pueden tener bastante de ciertas, también es posible que no cuenten toda la historia. ¿Fueron difíciles todos los días de tu infancia? ¿Era tu padre amable a veces? ¿No te dio cariño tu madre nunca? ¿Puedes acceder a todos tus recuerdos más tempranos, de cuando te tenían en brazos, te daban el biberón y te arropaban en la cuna por la noche, cuando eras muy pequeño?

Muchos de nosotros conservamos únicamente los recuerdos que pueden servir para protegernos ante posibles daños futuros, los recuerdos que apoyan a nuestras defensas, los recuerdos que forman parte de nuestro «sesgo de negatividad», como lo llaman los biólogos evolutivos. ¿Es posible que te falten algunos recuerdos? Lo que es más importante todavía, ¿te has hecho preguntas de otro tipo? Por ejemplo, ¿qué había detrás de la actitud hiriente de mi madre? ¿Por qué hecho traumático estaba frustrado mi padre? Preguntas como estas sacan las cosas del terreno de lo personal y nos permiten ampliar la visión de lo que es posible.

## DE NUEVAS IMÁGENES A NUEVAS EXPERIENCIAS

A partir del próximo capítulo, generaremos nuevas experiencias a través de imágenes, rituales, ejercicios y prácticas. Todas estas vivencias pueden ejercer un efecto sanador poderoso. En esencia, marcan un punto de referencia interior de integridad, uno al que podemos volver cada vez que nos sentimos acosados por sentimientos antiguos que amenazan nuestra estabilidad. Estas vivencias nuevas tienen un efecto muy semejante al de recuerdos nuevos acompañados de entendimientos, imágenes, sentimientos y sensaciones corporales nuevas. Pueden ser lo bastante poderosas como para eclipsar las imágenes viejas y limitadoras que nos han estado controlando la vida.

## Ejemplos de ritos, ejercicios, prácticas e imágenes curadoras

▶ **Poner una foto sobre la mesa de trabajo.** Un hombre que descubrió que había estado volviendo a vivir los sentimientos de culpa de su abuelo puso sobre su mesa una foto de este. Espiraba visualizando que dejaba en poder de su abuelo los sentimientos de culpa. Se sentía más ligero y libre cada vez que repetía este rito.

*Si tuvieras que colocar una foto de alguien en tu escritorio o mesilla de noche, ¿de quién podría ser?*

..........................................................................................................................................

..........................................................................................................................................

..........................................................................................................................................

▶ **Encender una vela.** Una mujer no tenía ningún recuerdo de su padre, que había muerto cuando ella era recién nacida. Se separó de su marido a los veintinueve años, la misma edad que tenía su padre al morir, y compartía el mismo sentimiento de desconexión con la familia de su padre. Encendía una vela cada noche y se imaginaba que la llama abría un hueco por el que se podían reunir los dos. Hablaba a su padre y sentía que su presencia la consolaba. Al cabo de dos meses de realizar este rito se le habían aliviado los sentimientos de desconexión y se había desarrollado en su interior un sentimiento nuevo de contar con el cariño de un padre que la quería.

*Si hablaras con alguien a través de la llama de una vela, ¿qué le dirías?*

..........................................................................................................................................

..........................................................................................................................................

..........................................................................................................................................

▶ **Escribir una carta.** Un hombre había roto bruscamente con su novia de la universidad, y veinte años más tarde seguía teniendo dificultades con sus relaciones de pareja. Se había enterado de que su antigua novia había muerto un año después de la ruptura. Le escribió una carta en la que le pedía perdón por su indiferencia y su falta de cariño, aunque sabía que ella no la recibiría nunca. En la carta le decía: «Lo siento mucho. Sé que me querías y que te hice mucho daño. Debió de ser terrible para ti. Lo siento muchísimo. Sé que no podré entregarte esta carta, pero espero que puedas recibir mis palabras». Después de haber escrito la carta, el hombre tuvo una sensación de paz y de plenitud que le parecía inexplicable.

*Si tuvieras que escribir una carta, ¿a quién te dirigirías y qué le dirías?*

.......................................................................................................................

.......................................................................................................................

.......................................................................................................................

▶ **Poner una foto sobre la cama.** Una mujer que se había pasado la vida entera rechazando a su madre comprendió que en sus primeros días de vida había estado separada de ella, en una incubadora, y que aquello le había dejado unos sentimientos de desconfianza y de incapacidad para recibir el amor de su madre. También empezó a darse cuenta de que aquel rechazo hacia su madre le había servido de modelo y, por ello, había reproducido el mismo patrón en sus relaciones de pareja. Puso un retrato de su madre en la pared, por encima de la cabecera de su cama, y todas las noches, antes de acostarse, pedía a su madre que la abrazara. Acostada en la cama, sentía las caricias de su madre y sus defensas se fueron relajando. Decía que el amor de su madre era como una corriente de energía que le daba fuerza. A las pocas semanas ya se despertaba sintiendo el cuerpo más aliviado. Al cabo de unos meses sentía el apoyo de su madre como una sensación física que la acompañaba a lo largo del día. Al cabo de un año observó que entraban en su vida más personas y entablaba relaciones sólidas. (Nota: Aunque la madre de esta mujer seguía viva, esta práctica da resultado con independencia de que el padre o la madre vivan o hayan fallecido).

*Plantéate realizar esta práctica durante diez días. Regresa y escribe aquí tus observaciones.*

..........................................................................................................................................................

..........................................................................................................................................................

..........................................................................................................................................................

▶ **Desarrollar una imagen de apoyo.** Un niño de siete años empezó a sufrir, de pronto, ataques de ansiedad que manifestó arrancándose gran parte del pelo de la coronilla, trastorno que recibe el nombre de *tricotilomanía*. Parecía ser que la ansiedad le provenía de la historia familiar. Cuando su madre tenía siete años, había visto morir repentinamente a su madre de un aneurisma cerebral. El duelo de su madre era tan grande que no había hablado nunca al niño de su abuela. Cuando su madre le contó por fin lo que había pasado, el niño empezó a tranquilizarse inmediatamente. La madre le pidió que se imaginara a su difunta abuela como un ángel custodio que los protegía a los dos. Le explicó lo que es un halo enseñándole un dibujo que lo representaba, y le dijo que se imaginara que el amor de su abuela era como un halo que le acariciaba la cabeza. Siempre que el niño se tocara la coronilla recibiría una sensación de paz. El niño dejó de arrancarse el pelo a partir de aquel día.

*¿Esta práctica te sugiere alguna imagen que te resulte útil? De ser así, ¿de qué manera?*

..........................................................................................................................................................

..........................................................................................................................................................

..........................................................................................................................................................

► **Establecer una frontera.** Otra mujer se había criado con la carga de sentirse responsable de la felicidad y del bienestar de su madre, que era alcohólica. Esta pauta de velar por los demás le perduró en la vida adulta, y le resultaba difícil recibir, a su vez, el cariño y el apoyo de los demás. Le costaba trabajo mantener relaciones personales sin sentirse responsable de los sentimientos de los demás y ahogada por sus necesidades. Adoptó la práctica diaria de sentarse en el suelo y marcar a su alrededor un círculo con un cordel. Observaba que, con solo marcarse un espacio propio, ya empezaba a respirar mejor. Mantenía una conversación interior con su madre en la que le decía: «Mamá, este es mi espacio. Tú estás allí y yo estoy aquí. Cuando era pequeña, habría hecho cualquier cosa por hacerte feliz; pero era demasiado para mí. Ahora tengo la sensación de que debo hacer felices a todos, y por eso me ahogo cuando tengo un contacto estrecho. Mamá, desde ahora tus sentimientos están allí, contigo, y mis sentimientos están aquí, conmigo. Dentro de esta frontera, atenderé a mis propios sentimientos para no tener que renunciar a mí misma cuando empiece a sentirme unida a alguien».

*Dibuja una frontera en el suelo alrededor de tu cuerpo con un trozo de hilo, cuerda o el cinturón de un albornoz. Visualiza a tu madre o a tu padre fuera de este límite, y escribe aquí tus conclusiones.*

.......................................................................................................................................

.......................................................................................................................................

.......................................................................................................................................

*¿Con cuál de los ritos de sanación anteriores te has sentido más identificado?*

.......................................................................................................................................

.......................................................................................................................................

.......................................................................................................................................

*Si tuvieras que crear tu propia práctica o imagen sanadora, ¿cómo sería?*

.................................................................................................................................

.................................................................................................................................

.................................................................................................................................

Los ritos y las prácticas que acabo de describir pueden parecer poca cosa comparados con el gran dolor con el que hemos cargado a lo largo de los años. Pero cuanto más repetimos y reproducimos estas imágenes y vivencias nuevas, más se integran en nosotros. La ciencia nos dice que este tipo de prácticas pueden modificarnos el cerebro abriendo nuevas vías neuronales. No solo eso: cuando visualizamos una imagen sanadora, estamos activando las mismas regiones del cerebro (más concretamente, en el córtex prefrontal izquierdo) que están asociadas a las sensaciones de bienestar y a las emociones positivas[22].

Es importante que practiquemos el albergar estos nuevos sentimientos y sensaciones para que se vayan arraigando en nosotros. Cuanto más practicamos, más avanzamos en el aprendizaje. Así nos puede cambiar el cerebro y podemos sentirnos más vivos en nosotros mismos.

A medida que continúes con estas prácticas, es probable que notes que una nueva experiencia interna empieza a echar raíces. Puede que te llegue en forma de emoción, quizá como una sensación de pertenencia o conexión. Es posible que sientas el apoyo de los miembros de tu familia que velan por ti. Tal vez experimentes una mayor sensación de paz, como si algo no resuelto por fin se estuviera solucionando.

## LA SANACIÓN Y EL CUERPO

Es esencial para el proceso de sanación que seamos capaces de integrar en él la experiencia de nuestras sensaciones físicas. Cuando podamos «estar», sin más, con esas sensaciones que nos surgen en el cuerpo sin reaccionar ante ellas de manera inconsciente, tendremos mayores posibilidades de mantenernos asentados cuando empiece a surgir la inquietud interior. Solemos alcanzar un nuevo entendimiento cuando estamos dispuestos a soportar lo que tiene de incómoda la empresa de conocernos a nosotros mismos.

¿Qué sientes cuando te centras en tu interior? ¿Qué sensaciones asocias a tus miedos o a tus emociones incómodas? ¿Dónde los sientes más? ¿Se te estrecha la garganta? ¿Se te corta la respiración? ¿Sientes opresión en el pecho? ¿Te quedas insensible? ¿Cuál es el epicentro de esa sensación en tu cuerpo? ¿El corazón? ¿El vientre o el plexo solar? Es esencial que seas capaz de orientarte por este territorio interior, aunque las sensaciones te parezcan abrumadoras.

## EJERCICIO

# Percibir tus sensaciones físicas

Si no tienes claro qué es lo que siente tu cuerpo, di en voz alta tu frase nuclear. Como sabes por el capítulo 6, el acto de pronunciar en voz alta tu frase nuclear te puede despertar sensaciones físicas. Dila en voz alta y observa tu cuerpo. ¿Adviertes algún temblor? ¿Tienes alguna sensación de hundimiento? ¿De insensibilidad? No te preocupes por lo que sientas o no sientas. Limítate a poner la mano donde te imaginas que está la sensación, o donde la notes.

A continuación, dirige la respiración sobre ese lugar. Espira hacia tu cuerpo para sentir apoyo en toda la zona. Puede ser útil que visualices la espiración como un rayo de luz que ilumina esa parte de tu cuerpo.

Ahora, dite a ti mismo las palabras siguientes: «Te apoyo». Al mismo tiempo, envía otra exhalación a cada célula de tu cuerpo. Repite las palabras: «Te apoyo».

Imagínate que estás hablando a un niño que siente que no lo ven ni lo escuchan. Es probable que allí esté, en efecto, un niño; una parte infan-

...til de tu ser que lleva desatendida mucho tiempo. Imagínate que ese niño o niña ha estado esperando el día que lo reconocieras, y que ese día ha llegado hoy.

Ahora conecta con ese niño. ¿Qué quiere que sepas? ¿Se siente seguro o inseguro? ¿Comprendido o incomprendido? ¿Puede escuchar lo que le dices? ¿Puede ese niño sentir tu contacto y acoger tu consuelo? ¿Notas cómo esa parte de tu cuerpo se calma cuando dices «Te apoyo»? Si no es así, repite esas palabras una y otra vez hasta que esa parte joven de ti pueda relajarse y confiar en tu cuidado.

Más allá de pronunciar estas palabras, tenemos que practicar el estar con las sensaciones incómodas de nuestro cuerpo hasta que podamos llegar a lo que hay debajo de ellas: las sensaciones que experimentamos como fuente de vida, sensaciones como el latido, el hormigueo, el apaciguamiento, la expansión, la sangre que fluye, las ondas de energía, la luz o el calor que irradia. Y luego tenemos que ser capaces de mantener esas sensaciones durante al menos un minuto, y hacer esto seis veces al día. Con eso puede bastar para transformar nuestro cerebro y calmar nuestra respuesta al estrés.

Se ha demostrado que esta práctica de *mindfulness* puede reducir la amígdala, que tiende a agrandarse tras un trauma, y engrosar la corteza prefrontal, la parte del cerebro que nos ayuda a regular las emociones y a relajarnos frente a las sensaciones internas.

Aunque pueda sonar repetitivo, lo diré de nuevo: deja que las sensaciones de las experiencias positivas te afecten física y visceralmente, hasta el punto de que llegues a conocerlas y a confiar en el efecto que te producen en el cuerpo.

Lo más importante es que nuestro cerebro necesita saber que estamos a salvo y que no hay ninguna amenaza inminente. Cuando logramos descansar en estas sensaciones positivas, le enviamos un mensaje a la amígdala: «Lo tengo controlado. No hace falta que mandes las viejas señales de alarma a las torres de vigilancia de nuestro cuerpo. Ya puedes relajarte».

Uno de mis clientes con dolor crónico pronunció las siguientes palabras cuando ensayaba el estar con sus sensaciones físicas: «Te abrazaré con delicadeza, para que no tengas que sostener nuestro cuerpo con tanta fuerza».

## DESCUBRIR TU CAMINO DE SANACIÓN

En los dos capítulos siguientes encontrarás las mismas prácticas que empleo con mis pacientes, que se basan en los cuatro temas inconscientes que estudiamos en el capítulo 3. Estas prácticas contienen una combinación específica de frases e imágenes sanadoras que pueden calmar un cuerpo inquieto y tranquilizar una mente ansiosa.

# CAPÍTULO 9

# RECONECTAR CONTIGO MISMO

*Sanar la ruptura del vínculo*

El lenguaje nuclear no siempre procede de las generaciones anteriores. Hay un tipo determinado de lenguaje nuclear que refleja la experiencia abrumadora de los niños que se han visto separados de sus madres, ya sea física o emocionalmente, lo que provoca una ruptura del vínculo. Cuando hemos vivido una ruptura significativa del vínculo con nuestra madre, es posible que se refleje en nuestras palabras una intensa ansiedad que permanece oculta y sin sanar. También pueden aparecer palabras de anhelo de conexión, junto con expresiones de frustración, rabia, juicio, crítica o cinismo.

# Ejemplos de frases nucleares
## tras una separación temprana

«Quedaré abandonado». «Me dejarán». «Me rechazarán». «Me quedaré solo». «No tendré a nadie». «Me quedaré desvalido». «Perderé el control». «No importo a nadie». «Nadie me quiere». «No estoy a la altura». «Soy excesivo». «Me abandonarán». «Me harán daño». «Me traicionarán». «Me aniquilarán». «Quedaré destruido». «No existiré». «Todo es inútil».

Las frases nucleares como estas no necesariamente se deben a una interrupción de nuestro vínculo con nuestra madre. También podemos haberlas heredado de una generación anterior de la historia familiar. Es posible que hayamos nacido con esos sentimientos sin saber de dónde han surgido. Como hemos visto antes, este lenguaje puede heredarse de la separación temprana de nuestros padres o abuelos con su madre.

Un tema común que caracteriza a las separaciones tempranas es el rechazo fuerte que sentimos hacia nuestra madre, sumado a la sensación de culpa o acusación por el hecho de que ella no fuera capaz de atender a nuestras necesidades. Sin embargo, no siempre es así. Aunque quisiéramos muchísimo a nuestra madre, por no haberse llegado a desarrollar del todo el vínculo, acabamos sintiendo que ella era débil y frágil y que nosotros debíamos haber cuidado de ella. Así, la noción de obligación puede llegar a invertirse por nuestra necesidad de sentirnos vinculados a ella. Sin saberlo, podemos intentar dar a nuestra madre esos mismos cuidados y atenciones que nosotros mismos necesitamos desesperadamente.

Es frecuente que las personas que hayan sufrido una interrupción del vínculo manifiesten quejas nucleares y descriptores nucleares como los que vimos en el capítulo 5. (Para refrescarte la memoria, ve a la página 106).

Si crees que has vivido —o heredado— una separación temprana, te recomiendo que trabajes primero este trauma antes de abordar los otros tres temas inconscientes. Al sanar la relación con tu madre, fortalecerás tu percepción interna y tendrás una mayor sensación de bienestar, así como los cimientos necesarios para procesar mejor el resto del trabajo que realices.

Si sientes que tu madre te dio lo que necesitabas, pero aun así percibes huellas de una ruptura del vínculo que se manifiestan en tus pensamientos, emociones, conductas o relaciones, es posible que hayas heredado esos efectos de la experiencia que tu madre o tu padre vivieron con sus propias madres. En cualquiera de los dos casos, las prácticas que encontrarás a continuación pueden ablandar rigideces o soltar tensiones que quizá ni sabías que llevabas dentro.

 **PRÁCTICA**

## FRASES DE VALIDACIÓN QUE SIEMPRE HEMOS ANHELADO ESCUCHAR

Coloca una silla en la habitación donde vayas a sentarte. Luego, pon delante de ti un par de zapatos fáciles de poner y quitar (por ejemplo, zapatillas o chanclas) que representen el lugar donde estaría tu madre de pie mientras tú te sientas en la silla. Coloca sus zapatos en el suelo a la distancia que tu cuerpo te indique como adecuada, entre tres y doce pasos de ti. El sitio al que te lleve esa sensación es el correcto.

Visualiza a tu madre comprendiendo lo mismo que tú al leer sobre los efectos de la separación temprana y sobre cómo esto puede provocar traumas en un niño.

Ahora lee las siguientes frases y elige una o dos (o tantas como quieras) que reflejen lo que ocurrió entre tu madre y tú cuando eras pequeño. Imagina que tu madre te dice estas frases en voz alta. Puede que sean palabras que siempre has deseado oír. Léelas de nuevo, en silencio o en voz alta, y deja que tu cuerpo absorba la energía que transmiten.

**Frases que una madre podría decir a su hijo**

1. «Es verdad. Todo lo que ocurría a mi alrededor hizo que me alejara de ti cuando más falta te hacía».

2. «Me necesitabas, pero el peso de todo ese estrés (las discusiones, el alcohol, la separación, mi dolor, etc.) hizo que no pudiera ofrecerte más».

3. «Te llamaba "mi hijo independiente", pero lo cierto es que lo único que buscabas era mi cariño».

4. «Si hubiera sabido entonces lo que sé ahora, te habría estrechado entre mis brazos y te habría dicho: "Estás a salvo", "Estoy contigo" y "No tienes que hacer nada más que respirar y recibir mi amor"».

5. «Si yo hubiera recibido más de mi madre, también habría podido darte más a ti».

6. «No pude establecer un vínculo profundo contigo, y eso debió resultarte muy doloroso».

7. «Eras tan pequeño. Es imposible que lo recuerdes. Déjame contarte todo lo que pasó y que hizo que dejases de confiar en mi amor».

8. «Es verdad. Cuando estaba embarazada de ti, pensé que te perdería y ese miedo nos inundó y nos separó».

9. «Entonces no pude expresarte este amor, pero ahora sí puedo hacerlo».

10. «Quizá no pueda mostrarte este amor en la vida real, pero puedo dártelo ahora».

11. «Si te imaginas mirándome a los ojos y tan solo respiras, podremos sanar esto».

12. «Estoy contigo y voy a respirar a tu lado hasta que te sientas reconocido, seguro y capaz de confiar en mí para que te cuide».

Si al leer estas frases te sientes bloqueado o a la defensiva, repítelas una y otra vez hasta que una nueva energía empiece a moverse dentro de tu cuerpo.

*¿Qué sientes en tu cuerpo al oír estas frases? ¿Qué percibes exactamente? ¿Qué sensaciones distingues?*

.................................................................................................................

.................................................................................................................

.................................................................................................................

*¿Qué frase te ha impactado más?*

.................................................................................................................

*¿Sientes el impulso de acercar o alejar los zapatos? Si es así, hazlo de verdad y presta atención a lo que sientes.*

.................................................................................................................

.................................................................................................................

.................................................................................................................

# SANAR LA SEPARACIÓN TEMPRANA CON UNA FOTOGRAFÍA

La siguiente práctica también puede ayudarte a reparar una herida de apego con tu madre sin necesidad de estar juntos en persona. Este ritual se lleva a cabo con una foto suya y puede ayudarte a derribar el muro de cristal que pueda existir entre ambos. También es una forma de visualizar que recibes su amor, aunque ella no fuera muy cariñosa. Cuando se ha roto el vínculo con nuestra madre, a muchos de nosotros nos echa para atrás la idea de acercarnos a ella. Esta práctica puede ayudar a eliminar la resistencia que aún sentimos en nuestro cuerpo.

He compartido esta herramienta con miles de personas en los últimos treinta años y los resultados han sido extraordinarios. Son innumerables sus testimonios sobre cómo, a medida que se ablandaba el vínculo interno con la madre, se calmaban sus emociones y se reparaba la relación externa.

Para esta práctica, vas a colocar una foto de tu madre junto a tu cama, sobre tu hombro izquierdo, ya que el lado izquierdo representa la energía femenina. Puedes pegar la foto encima de la almohada o colocarla en la mesilla de noche, cerca del hombro izquierdo.

Lo ideal sería que conservases una foto de tu madre de cuando era más joven, pero cualquier foto de ella servirá.

Por la noche, antes de dormirte, tómate un momento para contemplar la foto. Imagina que estás conectando con el yo superior de tu madre. Si esa idea no te convence, visualiza que esta práctica está siendo guiada por una fuerza superior de algún tipo.

Dile una o todas estas frases en silencio, para tus adentros:

«Mamá, abrázame mientras duermo...».

▶ «... para que podamos sanar el vínculo que se rompió entre nosotros».

▶ «... para aprender a sentirme a salvo en mi cuerpo».

▶ «… para sentirme más conectado a ti».

«Enséñame a confiar en tu amor, a recibirlo y a permitir que penetre en mí». Si fuiste el sostén emocional de tu madre, añade esta frase:

▶ «… sin tener que ocuparme de ti, mamá. Solo recibiendo».

Ahora imagina una corriente de energía que brota de la foto y entra en ti como una descarga sensorial. Siente cómo esas sensaciones penetran en tu cuerpo. Visualízalas como una energía serena y amorosa que te calma. Imagina que te empapas de esta energía. Siéntela entrar en tus células. Fíjate en si la energía se asemeja más a partículas o a ondas. ¿Tiene color, temperatura o textura? No importa cómo la sientas, está bien de cualquier modo.

A medida que absorbas esta energía, siente cómo tu cuerpo se reblandece, se abre. Deja que te impregne como la niebla, la lluvia o la luz. Cualquier imagen que te venga es la correcta. Si no aparece ninguna imagen, permítete sentir que, aun así, está sucediendo. Continúa con la práctica hasta que esta energía te inunde.

Dedica al menos un minuto a esta práctica. Siente la energía de esta conexión, de estar sostenido, de estar calmado, de ser amado, aunque no lo vivieras cuando eras pequeño. A tu cerebro no le importa si ocurrió en la vida real o no. Lo único que quiere es sanarse y lo percibirá como algo real. Si esta práctica tiene sentido para ti, hazla durante noventa días.

*Cuando haces esta práctica, ¿qué notas en el cuerpo? Si te sientes en paz o relajado, ¿cómo lo manifiesta tu cuerpo? ¿Qué sensaciones tienes?*

..............................................................................................................................................................

..............................................................................................................................................................

..............................................................................................................................................................

## FRASES CURADORAS QUE NOS RECONECTAN CON NOSOTROS MISMOS

Cuando hemos sufrido una separación temprana con nuestra madre, a menudo no sabemos qué hacer con las sensaciones incómodas de nuestro cuerpo. En el siguiente ejercicio veremos cómo acompañar esas sensaciones sin huir de ellas. Iremos aprendiendo a integrarlas hasta que seamos capaces de experimentar un estado de tranquilidad corporal. Vamos a hacerlo ahora.

Empieza por prestar atención a lo que te incomoda en el cuerpo. Tal vez notes tensión, entumecimiento, náuseas, ansiedad o cualquier otra sensación desagradable. Es posible que seas consciente de un vacío en tu interior, de una parte de ti que se siente bloqueada, perdida o desconectada.

Pon tus manos allí donde aparezca la sensación. Muchas veces estas sensaciones se manifiestan en la garganta, el pecho, el plexo solar, el abdomen o el útero.

Lleva tu respiración a esa zona del cuerpo e imagina que tu aliento es una brisa suave que calma a un niño pequeño, esa parte de ti en la infancia que necesita tu atención. Quizá ese niño se sienta solo, como si no hubiera nadie a su lado. Tal vez se sienta vulnerable y asustado, o acorazado y en guardia, y diga: «No necesito a nadie».

Abraza a ese niño con tu respiración y repite una o varias de estas frases sanadoras:

«Te apoyo».

«Estoy aquí».

«Te abrazaré hasta que te sientas reconocido».

«Respiraré contigo hasta que te sientas seguro».

«No te abandonaré».

«Respiraré contigo hasta que confíes en que cuido de ti».

Cuando nos ponemos las manos sobre el cuerpo y dirigimos hacia dentro del mismo nuestras palabras y nuestra respiración, estamos apoyando las partes más jóvenes de nosotros mismos que nos resultan más vulnerables. Esto nos brinda la oportunidad de aliviar o de liberar lo que nos parece intolerable. Las antiguas sensaciones de molestia pueden ceder el paso a sensaciones de expansión y de bienestar.

Con las manos sobre tu cuerpo, sigue repitiendo las frases anteriores y expande ahora esa sensación de bienestar. Sigue respirando hasta que puedas sentir sensaciones positivas y energéticas en el centro de tu cuerpo: calor, cosquilleo, el latido de la sangre, ondas de energía, una corriente que fluye arriba y abajo, adelante y atrás, dentro y fuera, girando en espiral, en forma de ocho, de cualquier forma que se presente. Ahora visualiza cualquier sensación incómoda disolviéndose en esta energía.

*¿Qué fue lo primero que notaste en tu cuerpo que te resultó inquietante? En el gráfico corporal de abajo, marca la zona con la sensación que experimentaste.*

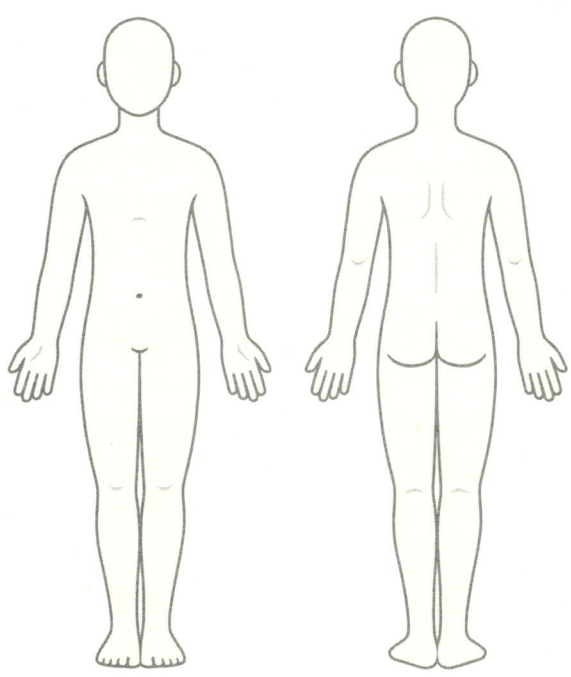

*¿Cambió tu energía cuando pusiste las manos en esa zona y repetiste esas frases? Si fue así, ¿de qué manera? Describe tu experiencia.*

.......................................................................................................................................................................

.......................................................................................................................................................................

.......................................................................................................................................................................

Recuerda que las nuevas sensaciones y los nuevos sentimientos son la forma de alimentar nuestro córtex prefrontal, para que el cerebro cambie y nuestras respuestas al estrés se calmen.

**Como Susan** se sentía desconectada de su propio cuerpo a menudo, le sugerí que hiciera la práctica anterior y repitiera las frases sanadoras para reconectar consigo misma. Lo que más le preocupaba era la opresión y el dolor que sentía en la zona del corazón, así como las intensas náuseas que tenía en el bajo vientre, por lo que se puso una mano en el corazón y otra en el vientre.

Con las manos sobre el cuerpo, respiró hondo y despacio, como si estuviera calmando a una niña pequeña: esa parte joven de sí misma que sentía que debía encargarse de todo sola.

Mientras repetía las frases «Te apoyo» y «Respiraré contigo hasta que confíes en mí para cuidarte», empezó a sentir que su propia energía se expandía desde su interior, y su cuerpo comenzó a mecerse con delicadeza, como si se moviera en forma de ocho.

Susan continuó con esta práctica, manteniendo el movimiento de balanceo durante un minuto, y la realizó seis veces al día. En pocas semanas, no solo había disminuido el dolor en su corazón, sino que también empezó a liberarse el hombro rígido con el que llevaba meses lidiando. Susan contó que ahora podía pedir ayuda a las personas más cercanas y recibirla.

# CAPÍTULO 10

# RECONECTAR CON LOS DEMÁS

## *Sanar el trauma generacional*

**A**hora que ya has practicado los ejercicios anteriores, estás listo para el siguiente paso: llevar tu atención a los otros tres temas inconscientes.

► Fusionarse con un progenitor.

► Rechazar a un progenitor.

► Identificarse con un miembro de la familia distinto de los padres.

## PRÁCTICAS CURADORAS CUANDO NOS HEMOS FUSIONADO CON UNO DE NUESTROS PADRES

Cuando nos fusionamos con un progenitor, compartimos o repetimos de manera inconsciente sus sentimientos, conductas, experiencias o infortunios. En el capítulo 3 vimos las cuatro dinámicas de la fusión. Eran las siguientes:

- **Te seguiré.** Un hijo puede intentar adelantarse a la muerte para reunirse con su padre o madre que ha fallecido, lo que seguramente lo lleve a adoptar conductas de riesgo, como consumir drogas, conducir de forma temeraria, practicar deportes extremos u otras maneras peligrosas de jugarse la vida.

- **Llevaré la carga contigo.** Un hijo puede intentar reproducir la desgracia de uno de sus padres: si este fue maltratado en su relación, perdió a su gran amor, se refugió en el alcohol, fracasó económicamente o tuvo una vida marcada por la mala salud, es probable que el hijo repita el mismo patrón.

- **Lo haré por ti.** El hijo asume las emociones que el progenitor no logró procesar: «Si no puedes llorar lo que te pasó, lo haré yo por los dos». Podría decir: «Si eres infeliz y deseas morir, yo me volveré depresivo, anoréxico o incluso querré quitarme la vida».

- **Yo pagaré por ti.** En este caso, el hijo asume de forma inconsciente una culpa heredada: «Iré a prisión, me quitaré la vida o enfermaré como castigo por lo que tú hiciste».

La fusión con un progenitor puede nublar nuestra identidad y desgastar nuestra individualidad. Al revivir experiencias que no hemos vivido en primera persona, podemos perder la solidez de lo que somos. Las siguientes prácticas pueden ayudarte a recuperar el sentido de soberanía y poder interior. Si no te sientes seguro haciéndolas por tu cuenta, plantéate acudir a un terapeuta para que te acompañe en el proceso.

 **PRÁCTICA**

## FRASES CURADORAS PARA ROMPER LA RELACIÓN FUSIONADA

Si te has fusionado con tu madre o con tu padre, coloca un par de zapatos sin cordones en el suelo, frente a ti, en el lugar donde imagines que está ese progenitor (o ambos). Ahora, lee las siguientes frases como si las estuvieras escuchando de tu padre o de tu madre. Imagina su voz pronunciando estas palabras mientras tu cuerpo se abre para recibirlas. Observa cuáles te calan más hondo.

**Frases que podría decirte tu padre o tu madre**

1. «Te quiero tal como eres. No tienes que hacer nada para ganarte mi amor».

2. «Eres mi hijo, y somos personas distintas. Mis sentimientos no tienen por qué ser los tuyos».

3. «He estado demasiado cerca de ti y veo que ha sido una carga para ti».

4. «Te has debido de abrumar con todas mis necesidades y mis emociones».

5. «Con mis necesidades, te ha resultado difícil tener un espacio propio».

6. «Voy a distanciarme para que mi amor no te domine».

7. «Te daré todo el espacio que necesites».

8. «He estado demasiado cerca de ti para que te conocieras a ti mismo. Ahora, yo me voy a quedar aquí y voy a disfrutar viéndote vivir tu vida allí».

9. «Has estado cuidando de mí, y yo te lo he permitido... pero ya se acabó».

10. «Esto es demasiado para cualquier hijo».

11. «Cualquier hijo/hija que intentara arreglar esto sentiría una carga».

12. «Esto no es tuyo».

13. «Ahora, distánciate un poco hasta que te sientas lleno de tu propia vida. Solo entonces me quedaré yo en paz».

14. «No he sido capaz de afrontar mi propio dolor hasta ahora. Lo que era mío ha estado allí, contigo. Ya es hora de que vuelva a su lugar, conmigo. Así seremos libres los dos».

15. «Me has atendido mucho a mí, y muy poco a tu padre/madre. Me gustaría veros más unidos. Ahí es donde debes estar».

Ahora visualiza que tu padre o madre está ante ti, y observa si tienes el impulso interior de adelantarte o de retroceder. ¿Sientes la necesidad de acercarte o de alejarte? ¿Percibes una sensación corporal que te indica cuál es la distancia justa para ti? Cuando nos ponemos a la distancia justa, se nos puede abrir, ablandar o relajar algo dentro de nosotros. Cuando nos pasa esto, disponemos de más espacio interior para percibir nuestros sentimientos.

Cuando hayas encontrado tu distancia justa, di una o varias de las frases siguientes, mientras notas los sentimientos que te llegan cuando pronuncias las palabras.

**Frases que podrías decir a tu padre o a tu madre**

1. «Mamá/papá, yo estoy aquí y tú estás allí».

2. «Tus sentimientos están allí, contigo, y los míos están aquí, conmigo».

3. «Quédate allí, por favor, pero no te alejes mucho».

4. «Cuando tengo mi espacio propio, respiro mejor».

5. «Cuando intento ocuparme de tus sentimientos, me contraigo».

6. «Creí que podía hacerte feliz, pero era demasiado».

7. «Veo ahora que, al renunciar a mí mismo, los dos nos volvimos invisibles».

8. «Ya tuviste tu momento. Ahora me toca a mí. Prometo honrarte viviendo mi vida por completo».

9. «A partir de ahora viviré mi vida plenamente, sabiendo que estás allí y me apoyas».

10. «Gracias por mirarme y escucharme».

*Mientras pronuncias estas frases, ¿notas si afloran nuevas emociones o sentimientos? ¿Cómo los describirías?*

................................................................................................

................................................................................................

................................................................................................

*¿Puedes sentir que tú (o tus padres) os emocionáis al recibir las palabras?*

................................................................................................

................................................................................................

................................................................................................

## PRÁCTICA

## RECLAMAR TU PROPIO ESPACIO

El siguiente ejercicio puede ampliar tu conciencia visceral (la sensación que sientes dentro de tu cuerpo) sobre cómo te ha podido afectar una relación fusionada con un progenitor y ayudarte a que te liberes.

Busca dos pares de zapatillas, uno que te represente a ti y otro al progenitor con el que te has fusionado.

Coloca ambos pares en el suelo, dispuestos como mejor te parezca. Puedes poner una pareja mirando hacia la otra, mientras que la otra queda en sentido contrario. Podrían estar orientados uno hacia el otro o mirar en direcciones opuestas. También pueden estar separados o muy, muy juntos, casi uno encima del otro. Con las «pisadas» de tus padres en el suelo, estás dando vida a una dinámica que existía cuando tú eras pequeño.

Ponte de pie en el par de zapatos que te representa. ¿Qué sientes al estar aquí con este padre o madre? ¿Qué sensaciones físicas percibes? ¿Qué emociones estás sintiendo? Tómate unos minutos para dejar que afloren.

Ahora, ponte en el lugar de tus padres. ¿Qué crees que podría estar sintiendo él o ella al estar ahí contigo? ¿Se siente solo, triste, frágil, desconectado, estresado? ¿Necesita algo de ti? Tómate un momento para sentirlo.

Incluso podrías poner otro par de zapatos en el suelo para representar al otro progenitor. ¿Qué ocurre cuando entra el segundo? ¿El primero se siente mejor o peor?

Ahora, desplaza *tus* «pisadas» hacia un punto de la habitación en el que tu energía no se mezcle con la de ninguno de tus padres: un espacio en el que te sientas libre, en el que no se te exija nada y en el que percibas la fuerza de tu propia energía soberana.

Para sentirte aún más libre, puedes coger un trozo de hilo y colocarlo delante de tus pisadas, así formará una frontera que te dará más espacio.

Ahora ponte sobre tus pisadas y experimenta cómo es tener un límite. Nota cualquier sensación y sentimiento nuevos.

Puedes decir: «Mamá/papá, este es mi límite. Este es mi espacio. Solo yo puedo estar aquí. Tu energía debe quedarse ahí contigo. Quédate fuera de mi límite».

Incluso puedes coger otro trozo de hilo y colocarlo delante de las pisadas de tu progenitor para retener su energía dentro de sus propios confines.

Luego pronuncia estas palabras: «Mamá/papá, tú estás ahí y yo estoy aquí. Tus sentimientos están contigo, y los míos, conmigo».

De pie sobre tus pisadas, siente las nuevas sensaciones que generan tener un límite y decir estas palabras. Déjate sorprender por lo que brote.

*Escribe las emociones, sentimientos y sensaciones que notaste mientras estabas en el lugar de tu progenitor.*

.............................................................................................................................

.............................................................................................................................

.............................................................................................................................

*Ahora anota las emociones, sentimientos y sensaciones que experimentaste al estar en tu propio lugar, en tu energía soberana.*

................................................................

................................................................

................................................................

## PRÁCTICA

# FRASES CURADORAS PARA LAS CUATRO DINÁMICAS DE FUSIÓN

A continuación encontrarás ejemplos de los tipos de frases sanadoras que podemos pronunciar para liberarnos cuando estamos atrapados en la telaraña de la fusión.

### Dinámica 1: Te seguiré

Ejemplo: «Papá, he estado corriendo riesgos tremendos: he montado en moto sin casco, he circulado demasiado deprisa, he dado saltos peligrosos... Ahora me doy cuenta de que, inconscientemente, he estado intentando reunirme contigo muriendo antes de tiempo, como tú. Sé que esto no es lo que quieres para mí y, desde luego, tampoco es lo que yo quiero. Mi muerte no serviría de nada, solo haría que los demás se sintieran peor. A partir de ahora, te honraré valorando la vida que me diste para poder dejar como legado una vida bien vivida y no una truncada».

### Dinámica 2: Llevaré la carga contigo

Ejemplo 1: «Mamá, papá, ya tuvisteis vuestra oportunidad y no salió bien. No puedo hacer nada al respecto. Pero ahora me toca a mí y quiero hacerlo mejor. Os honraré a los dos cuidando mi relación de pareja, porque sé que en el fondo eso es lo que queréis para mí».

Ejemplo 2: «Mamá, te culpaste cuando encontraste a Lucy muerta en su cuna. Tu dolor lo inundó todo en la familia. Durante años he sentido pánico cada vez que ocurrían cosas terribles que no podía controlar. Me culpo y he llegado a no querer vivir. Ahora puedo comprender que esas emociones no nacieron en mí. Eran tuyas. Formaban parte de tu crecimiento y tu fortaleza, y no puedo arrebatártelas. Creí que, al compartir tu dolor, podría salvarte. Pero lo único que conseguí fue asumir sentimientos que no eran míos. Ahora, cuando sienta este pánico en el pecho, lo exhalaré de nuevo hacia ti, de vuelta al lugar donde pertenece».

### Dinámica 3: Lo haré por ti

Ejemplo: «Papá, desde que volviste de la guerra nada ha vuelto a ser igual. Has estado deprimido y te niegas a hablar de lo que pasó allí. Quizá te sientes culpable por haber sobrevivido después de ver tantas muertes. Y yo he estado actuando según esos sentimientos: bebiendo demasiado, drogándome y poniendo mi vida en peligro, cuando en realidad no soy yo quien quiere morir. He estado sintiendo lo que tú no te permites sentir y eso solo conducirá a más tragedias. A partir de hoy, elijo vivir. Voy a vivir plenamente y te dejo tus sentimientos para que los encarnes tú, yo solo asumiré los míos».

### Dinámica 4: Yo pagaré por ti

Ejemplo: «Mamá, llevo casi veinte años lidiando con este problema de salud. Comenzó justo a la misma edad que tenías tú cuando atropellaste a aquel chico en bicicleta. Tu vida cambió después de eso. Y yo también necesito cambiar la mía. No puedo seguir pagando el precio de tus acciones. Para honrarte a ti y a ese chico, me tomaré la vida en serio y haré los cambios necesarios en mi salud para vivir con plenitud».

*Después de leer estos ejemplos, ¿has compartido o revivido de algún modo el dolor de tus padres? ¿De qué manera?*

.................................................................................................................

.................................................................................................................

.................................................................................................................

*¿Qué frase(s) sanadora(s) te liberaría(n) de esta dinámica?*

.................................................................................................................

.................................................................................................................

.................................................................................................................

## PRÁCTICAS CURADORAS CUANDO HEMOS RECHAZADO A UN PROGENITOR

Como quizá recuerdes del capítulo 3, cuando rechazamos a un padre o una madre, esto puede manifestarse de forma inconsciente de tres maneras distintas:

- ▶ **Rechazamos una parte de nosotros mismos.** No reconocemos en nosotros mismos aquellos comportamientos que nos disgustan de nuestros padres y que, por tanto, pueden manifestarse de forma inconsciente.

- ▶ **La relación no sanada con nuestro padre o con nuestra madre se proyecta en los demás.** Las parejas que atraemos cuentan con rasgos similares a los de nuestros padres y nos tratan de la misma manera; o, por el contrario, nos unimos a parejas afectuosas que, sin embargo, percibimos como poco cariñosas.

- ▶ **Nos hacemos a nosotros mismos lo que creemos que nos hicieron.** Si nuestros progenitores fueron críticos o agresivos, podemos volvernos autocríticos y agresivos con nosotros mismos, por lo que tratamos a nuestro niño interior de la misma forma.

Si de verdad queremos abrazar la vida y conocer la verdadera alegría, si de verdad deseamos relaciones personales profundas y satisfactorias, si de verdad aspiramos a desarrollar todo nuestro potencial, antes tenemos que reparar las relaciones con nuestros padres cuando están rotas. Además de habernos dado la vida y de ser una parte inseparable de quienes somos, nuestros padres son la puerta por la que accedemos a las fuerzas ocultas y creativas, así como a los desafíos que forman parte de nuestro legado ancestral. Ya estén vivos o muertos, ya tengamos una relación distante o cordial, lo cierto es que nuestros padres, y los traumas que ellos vivieron o heredaron, guardan una clave fundamental para nuestra sanación. Aunque no podamos hacerlo en persona, es esencial que sanemos estas relaciones, al menos, en nuestras imágenes internas.

Si sientes que has rechazado a uno de tus padres, el siguiente paso es encontrar la manera de ablandar la dureza que puedas sentir en tu corazón hacia él o ella, y reconocer también las cualidades que tenéis en común. En el corazón tenemos la oportunidad de transformar algo doloroso en una fuente de fortaleza. Cualidades como la crueldad pueden convertirse en la raíz de nuestra bondad y nuestros juicios pueden sentar las bases de nuestra compasión.

## Cuando los padres hieren

Para estar en paz con nosotros mismos, primero debemos estar en paz con nuestros padres. Ahora bien, incluso si fueron muy dañinos o si la herida entre ambos es demasiado profunda, aún podemos sanar en nuestras imágenes internas. He tenido varios clientes que no pudieron sanar con sus padres en persona, pero sí lograron visualizar la sanación con el yo superior de sus padres, o con esa parte de ellos que habría dado más si hubiera podido. También imaginaban que el proceso de sanación estaba siendo guiado por una fuerza superior de algún tipo. No importa cómo lleguemos hasta allí: el cerebro desea la curación y acogerá nuestras imágenes internas como si fueran acontecimientos de la vida real.

La reconciliación es, sobre todo, un movimiento interior. Es un trabajo interno. Nuestra relación con nuestro padre o con nuestra madre no depende de lo que haga él o ella, ni de cómo sean, ni de cómo reaccionen. Depende de lo que hacemos nosotros. Es un cambio que se produce en nosotros.

Hasta que no sanemos esas relaciones, podemos proyectar de forma inconsciente en otras personas —e incluso en situaciones que parecen no tener nada que ver— lo que quedó pendiente con nuestros padres cuando éramos pequeños. La curación puede producirse, aunque tus padres hayan fallecido, estén en la cárcel o estén sumidos en un mar de dolor. ¿Hay algún recuerdo, alguna buena intención, alguna imagen tierna, algún buen entendimiento, algún modo en que expresen amor tus padres, al que puedas dar entrada? Accediendo a conectarte con una imagen interior cálida puedes empezar a cambiar tu relación externa con tus padres. No puedes cambiar lo que ya ha pasado, pero sí puedes cambiar lo que pasa, con tal de que no esperes que sean tus padres los que cambien ni que sean distintos de como son. Eres tú quien debes llevar la relación de otra forma. Es tarea tuya, no de tus padres. La cuestión es: ¿estás dispuesto a ello?

**Antes de ponerte a sanar** una relación con tus padres que está gravemente dañada, podría convenirte tener unas cuantas sesiones con un terapeuta centrado en el cuerpo, o realizar una práctica de meditación de *mindfulness* para adquirir unos recursos que te permitirán conectar con las sensaciones de tu cuerpo. Cuando seas capaz de observar tus reacciones ante el estrés, podrás vigilarte a ti mismo y darte lo que te hace falta, en los momentos en que más lo necesitas. Es importante que cultives una percepción interior que te guíe y te apoye.

Por ejemplo, si aprendes determinadas técnicas de respiración, podrás percibir físicamente los límites de tu cuerpo, y así avanzarás a la velocidad que te conviene y mantendrás la distancia que consideres apropiada. Cuando existe la distancia justa, puedes sentirte tranquilo sin necesidad de ponerte a la defensiva ni de hacerte pequeño para mantener el vínculo. La presencia de una frontera sólida, a la vez que flexible, te aporta un espacio adecuado para tener tus sentimientos, mientras que disfrutas del vínculo sanador que estás forjando con tus padres. Al final, cuando eres capaz de respirar lo bastante hondo como para saber lo que sientes en tu cuerpo, ya no es necesario que salgas de este.

Solo después de hacer un trabajo interior profundo para aprender a manejar nuestras emociones, sentirnos seguros en nuestro cuerpo y establecer límites claros pero flexibles, podemos intentar una reconciliación en tiempo real con los padres que nos han hecho daño.

*¿Recuerdas algún momento positivo con tus padres? ¿Puedes abrirte físicamente ante ellos al recordarlos? Si todavía están vivos, ¿puedes estar con ellos sin ponerte a la defensiva? Escribe lo que observes.*

..................................................................................................................................

..................................................................................................................................

..................................................................................................................................

..................................................................................................................................

..................................................................................................................................

Si sigues sin poder imaginarte acercándote a tu padre o a tu madre, ni siquiera en tu mente, puede que te ayude preguntarte: «¿Qué traumas vivieron ellos o se dieron en su historia familiar que bloquearon el fluir de su amor?», «¿Qué heridas les hicieron comportarse así?», «¿Qué hay detrás de su distancia, sus críticas o su agresividad?».

Preguntas como estas sacan el tema del terreno personal. Así empezamos a comprender que cualquier padre o madre que haya vivido este tipo de trauma (o lo haya heredado de sus propios padres) tal vez no tenga mucho amor que dar y que incluso pueda mostrarse dañino o volátil con sus hijos. En pocas palabras, los acontecimientos traumáticos pueden haber bloqueado el flujo del amor y cerrado sus corazones. Esto no justifica sus acciones, pero puede ayudar a comprenderlas. Esa comprensión puede liberarnos para sanar esas relaciones, ya sea desde dentro o desde fuera, y contribuir a calmar la respuesta de estrés del cerebro que nos mantiene atrapados en el sufrimiento.

Así que, si te sigues encogiendo o poniéndote a la defensiva, o entras en modo cuidador, probablemente tendrás que hacer más trabajo interior antes de intentar sanar la relación en persona. Empecemos ahora ese trabajo interior revisando los rastros del trauma en la historia familiar que pudieron afectar a tus padres y a lo que fueron capaces de darte.

 **PRÁCTICA**

## EL FLUJO DEL AMOR

Ahora vamos a ver los árboles genealógicos de tu madre y de tu padre. Los genogramas de abajo representan tres generaciones que incluyen a tus padres, a sus padres y a los padres de sus padres.

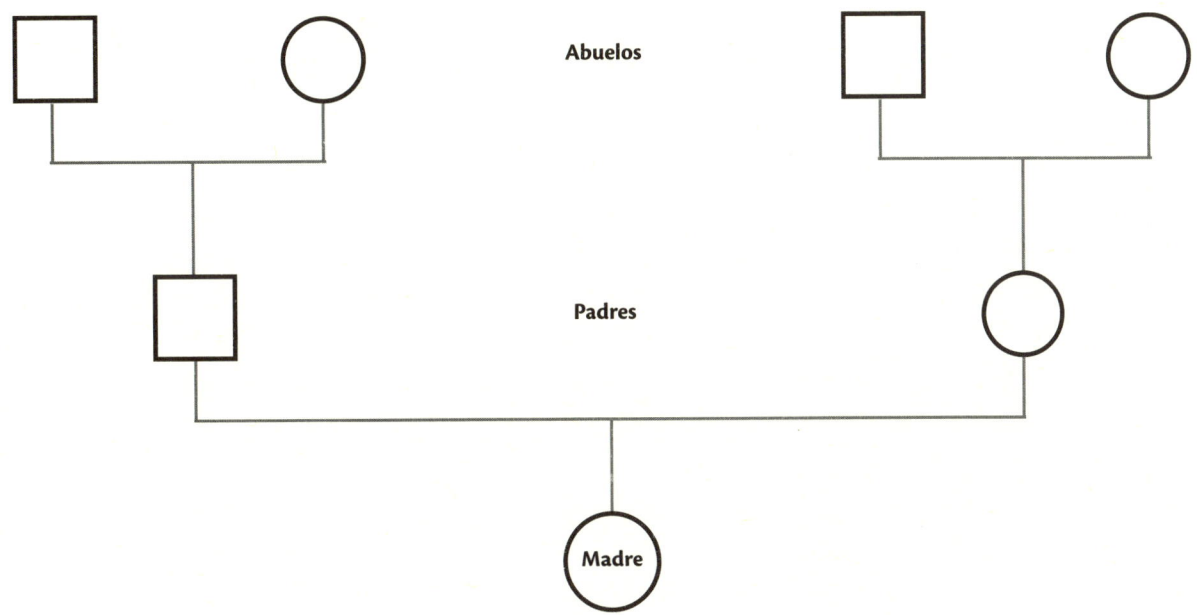

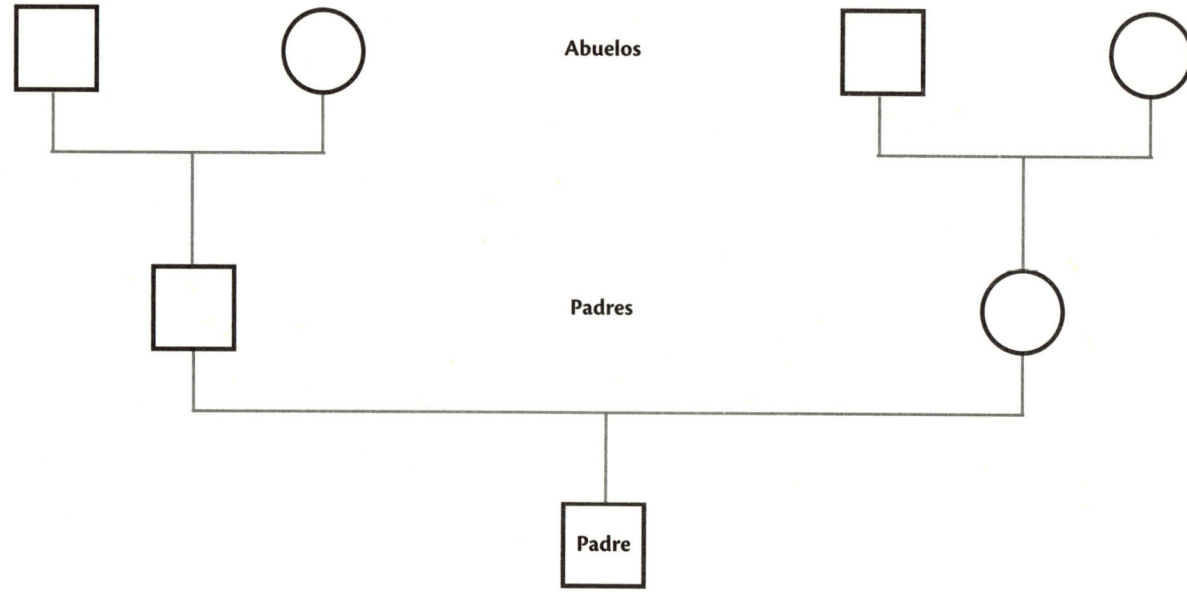

Junto a cada cuadrado o círculo, en las tres generaciones, escribe los acontecimientos o experiencias traumáticas que pueden haber bloqueado el flujo de amor hacia *tus* padres, sobre todo los hechos que ocurrieron cuando ellos eran jóvenes.

A continuación, anota las cualidades emocionales que describen a tus abuelos. ¿Cómo describirían tu madre y tu padre el amor que recibieron de ellos? ¿Dirías que tus abuelos fueron personas cercanas, abiertas y cariñosas, o más bien poco amorosas? ¿Alguno de tus progenitores vivió una interrupción temprana del vínculo con su madre? De ser así, ¿se debió a una separación física, a una emocional o a una experiencia que sucedió durante el embarazo? Escribe lo que sepas.

Anota también cualquier otra historia que conozcas: ¿hubo alguien violento, infiel o alcohólico? Experiencias tan estresantes como estas pueden romper el vínculo entre una madre y su hijo.

*Ahora mira los genogramas que has creado. ¿Qué te muestran sobre el amor que recibieron tus padres y el que fueron capaces de dar?*

......................................................................................................................................

......................................................................................................................................

......................................................................................................................................

*Retrocede otra generación. ¿Qué tipo de crianza recibieron tus abuelos?*

......................................................................................................................................

......................................................................................................................................

......................................................................................................................................

*Enumera los acontecimientos y experiencias traumáticas que bloquearon el flujo de amor hacia tus padres.*

......................................................................................................................................

......................................................................................................................................

......................................................................................................................................

*Al ver por lo que pueden haber pasado tus padres, ¿eres capaz de sentir más compasión por ellos?*

......................................................................................................................................

......................................................................................................................................

......................................................................................................................................

## TRES FRASES MÁGICAS

Si crees que ha llegado el momento de sanar el vínculo con tus padres cara a cara, aquí encontrarás tres de mis frases sanadoras preferidas, que tienen el poder de transformar la relación. Estas frases funcionan a nivel energético para limar las asperezas de los recuerdos que sustentan la historia que os mantiene a ti y a tu progenitor desconectados.

1. «Mamá/papá, me gusta mucho que estemos unidos».

2. «Eres un buen padre/madre». Luego comparte un recuerdo que demuestre que eso es cierto (por ejemplo: «Papá, cuando tenía seis años y me rompí el tobillo, me llevaste de la mano hasta urgencias»).

3. «Lamento lo distante que he estado. A partir de hoy, me comprometo a estar más presente». Aunque no estés seguro de poder cumplir esta promesa, prueba a decir las palabras igualmente y observa qué efecto producen en tu cuerpo.

Siente la energía de estas frases. ¿Cómo crees que se sentiría tu madre o tu padre si las oyeran de ti? ¿Cómo piensas que responderían? ¿Sería posible incluir una o dos de estas frases en una conversación?

Fíjate en la primera, por ejemplo: «Me gusta mucho que estemos unidos». Al oír esta frase, tu progenitor podría pensar: «¿Qué? ¡Piensa que estamos unidos! No lo sabía. ¡Qué bien!». Una frase así actúa a nivel energético y os da permiso a ambos para arriesgaros de un modo que podría estrechar el vínculo de verdad. A veces, basta con pronunciar una frase así para que se abra algo en nuestro interior que nos sorprenda.

## PRÁCTICA

# OTRAS FRASES CURADORAS
# PARA DECIR A UN PROGENITOR

Lee la siguiente lista de frases sanadoras. Algunas son parecidas a las tres frases mágicas. Tal vez alguna te afecte de tal manera que comience a disolver el bloqueo entre tú y tus padres. Deja que las palabras te toquen. ¿Hay alguna que te llegue al corazón? Quizá puedas imaginarte diciéndole una o dos de estas frases en persona al progenitor que has rechazado.

Si vas a hacer esta práctica con tus imágenes internas, puedes poner un par de zapatos en el suelo frente a ti para representar a ese padre o esa madre. También puedes usar una foto suya. ¿Te resulta más fácil dirigirte a los zapatos o a la foto? No importa qué versión elijas. Lo esencial es pronunciar las frases y dejar que te lleguen.

Recuerda que las experiencias y prácticas positivas que nos hacen sentir bien físicamente son las que nos sanan. Cuando cultivamos los buenos sentimientos, el cerebro puede transformarse. Esto es así, aunque al principio tengamos que «fingir hasta conseguirlo».

**Frases curadoras cuando hemos rechazado a un progenitor**

1. «Siento mucho haber estado tan distante».

2. «A partir de ahora, te prometo que estaremos más unidos».

3. «Te he apartado de mí cuando has querido acercarte».

4. «Te echo de menos, aunque me cuesta trabajo decírtelo».

5. «Cerré el corazón para que no me doliera tanto, pero ahora quiero abrirlo y dejarte entrar».

6. «He sido demasiado crítico. Eso me ha distanciado de ti».

7. «Me gustaría mucho estar más cerca de ti».

8. «Me gusta mucho que estemos unidos».

9. «Eres muy buen padre / muy buena madre». (Recuerda una situación que te sirva de ejemplo).

10. «Te prometo que dejaré de obligarte a que me demuestres tu amor».

11. «Dejaré de esperar que expreses tu amor de una manera determinada».

12. «Aceptaré tu amor como tú me lo des, no como yo lo quiero».

13. «Recibiré tu amor, aunque no lo sienta en tus palabras».

14. «Me has dado mucho y prometo sacar algo bueno de ello».

15. «Mamá/papá, ¿me puedo quedar aquí un rato? Con solo estar cerca de ti me siento bien».


*¿Qué sientes al pronunciar estas frases? ¿Puedes percibir que algo se abre dentro de ti cuando las dices? ¿Puedes visualizar a tu progenitor recibiéndolas?*

.......................................................................................................................................................

.......................................................................................................................................................

.......................................................................................................................................................


*Si le dedicaras estas frases a los zapatos o a la foto de tu progenitor, ¿tendrías la sensación de que la persona en cuestión las recibe?*

.......................................................................................................................................................

.......................................................................................................................................................

.......................................................................................................................................................

¿Tienes la sensación de que existe un campo energético que os une?

......................................................................................................................

......................................................................................................................

......................................................................................................................

**Escribe aquí lo que has experimentado.**

......................................................................................................................

......................................................................................................................

......................................................................................................................

......................................................................................................................

......................................................................................................................

......................................................................................................................

......................................................................................................................

......................................................................................................................

......................................................................................................................

......................................................................................................................

## PRÁCTICA

## FRASES CURADORAS PARA DECÍRSELAS A UN PADRE O A UNA MADRE QUE YA HA MUERTO

Aunque nuestros padres hayan fallecido, podemos seguir hablándoles. En mi opinión, dirigirnos directamente a su foto puede generar una energía que quizá te sorprenda. Estas son algunas frases que pueden contribuir a reconstruir un vínculo que se ha roto o que no llegó a desarrollarse del todo:

1. «Te pido que me tengas en tus brazos mientras duermo, cuando tenga el cuerpo más abierto y esté más accesible».

2. «Te pido que me enseñes a confiar en tu amor, a recibirlo y a dejarlo entrar».

3. «Te pido que me ayudes a sentir más paz en mi cuerpo».

## PRÁCTICA

## FRASES CURADORAS PARA DECÍRSELAS A UN PROGENITOR DESCONOCIDO O AUSENTE

Cuando nuestro padre o nuestra madre nos dejaron en una época temprana o nos entregaron a otras personas para que nos criaran, podemos sentir un dolor intolerable. En cierto sentido, esa primera marcha suele trazar un modelo inconsciente sobre el que basaremos los muchos rechazos y abandonos que se producirán más adelante en nuestra vida. Es preciso que pongamos fin a este ciclo de dolor. Mientras sigamos viviendo con la sensación de que hemos sido víctimas de un trato injusto, es probable que repitamos esa misma pauta en nuestras vidas. Lee las frases siguientes e imagínate que se las dices a tu progenitor ausente o al que no llegaste a conocer.

1. «Si te facilitó las cosas marcharte o darme en adopción, lo entiendo».

2. «Dejaré de culparte. Sé que eso solo sirve para tenernos cautivos a los dos».

3. «Recibiré de los demás lo que necesito, y haré que salga algo bueno de lo que ocurrió».

4. «Lo que pasó entre tú y yo me servirá de fuente de energía».

5. «Por lo que pasó, he adquirido una fuerza concreta en la que puedo confiar».

6. «Gracias por haberme dado el don de la vida. Te prometo que no la desperdiciaré ni la despilfarraré».

## PRÁCTICA

## INICIAR EL CONTACTO CON UN PROGENITOR QUE SE HA DISTANCIADO

Aunque la relación externa que mantenemos con nuestro padre o nuestra madre sea distante o nula, la relación interna sigue progresando. Si no hay contacto entre tu madre o tu padre y tú —quizá porque uno se niega a hablar con el otro o porque te resulta imposible mantener la calma cuando estás con ellos—, aún es posible iniciar el proceso de sanación. Podrías enviarles un mensaje de texto, un correo electrónico o una carta para hacerles saber que estás bien. Por ejemplo, en un cumpleaños o en un día señalado, podrías mandarle un mensaje que dijera: «Hola, mamá. Solo quería que supieras que estoy bien. No quiero que te preocupes». También podrías decir: «Hola, papá. Solo quiero que sepas que las cosas van bien. A los niños les va genial, este año juegan en la liga infantil». Tendrás la certeza de si es el momento adecuado para retomar el contacto. Escucha a tu cuerpo. Presta atención a si te da luz verde o luz roja. Tu cuerpo nunca se equivoca.

*Lo que yo le diría a mi padre o a mi madre:*

....................................................................................................................

....................................................................................................................

....................................................................................................................

## SANAR UNA IDENTIFICACIÓN CON UN MIEMBRO DEL SISTEMA FAMILIAR (QUE NO SEA EL PADRE O LA MADRE)

Puede que a estas alturas del libro de ejercicios ya hayas hecho todas las prácticas sugeridas, pero sigas sintiendo que queda algo pendiente. Repasa tu queja nuclear, tu frase nuclear y tu trauma nuclear. ¿Y si resultara que estás enredado con un familiar de otra generación? ¿Podría tratarse de tu abuela, tu abuelo, un tío, una tía o un medio hermano mayor? Quizá esta persona ni siquiera esté emparentada contigo, sino que haya causado o padecido algún tipo de daño relacionado con alguien de tu familia.

Si te sientes atrapado en este tipo de dinámica, preso de pensamientos o emociones que no te pertenecen, intenta llevar a cabo la práctica siguiente para romper el enredo.

# INTERRUMPIR UNA IDENTIFICACIÓN INCONSCIENTE

Coloca un par de zapatillas en el suelo para representar las pisadas de la persona con la que estás enredado. Deja que los zapatos te guíen para saber dónde ponerlos y hacia qué dirección deben apuntar. Ahora da un paso atrás y percibe a esa persona de pie. Piensa en cómo se sintió esa persona cuando experimentó la infelicidad o el sufrimiento.

Ahora ponte sobre sus pisadas y deja la mente en blanco. Quédate ahí, sin ideas preconcebidas, y deja que los sentimientos de esa persona se manifiesten en tu cuerpo. Siente sus emociones y sensaciones, así como cualquier impulso que aparezca. ¿Tu cuerpo quiere inclinarse hacia delante, caer hacia atrás, desplomarse en el suelo, o hacer algo distinto?

Percibir las emociones de la persona con la que te has identificado puede ser una experiencia intensa, por lo que solo debes hacer esta práctica si te encuentras en un lugar seguro y cuentas con alguien que te acompañe en el proceso.

Imagina que esta persona ha entrado en la habitación para ayudarte a deshacer un enredo que ha estado reteniendo tu energía vital durante demasiado tiempo. Simplemente seguías una corriente inconsciente de energía que fluía desde tu historia familiar.

Reconoce que los sentimientos de esa persona no te pertenecen. Dilo en voz alta. Hazle saber que esas emociones no son tuyas. Por ejemplo, dile a tu abuela: «Esta tristeza no es mía». También puedes decirle a tu tía: «Este presentimiento de estar volviéndome loca, tía Elma, no es mío». O, tal vez: «Este impulso que siento de hacer daño a alguien no me pertenece, abuelo». También puedes decir: «Tío Andrew, este sentimiento de que podrían hacerme daño o robarme nunca fue mío».

Ahora, identifica las sensaciones físicas que no te pertenecen. Coloca la mano sobre la zona del cuerpo donde las percibas y respira hondo. Después, suelta esas sensaciones al exhalar y devuélvelas a la persona con la que estabas enredado. Sigue inhalando y exhalando hasta que todas las sensaciones se disuelvan. Imagina que esta persona vuelve a acoger esos sentimientos y te dice: «Devuélveme todos estos sentimientos. Nunca fueron tuyos. Son míos y me pertenecen».

*¿Qué sientes al hacer esta práctica? ¿Qué cambios o desbloqueos experimenta tu cuerpo?*

..........................................................................................................................................................

..........................................................................................................................................................

..........................................................................................................................................................

## Más frases para deshacer un enredo inconsciente

He aquí algunos ejemplos de prácticas y frases que podemos emplear para liberarnos de una identificación inconsciente.

**Ejemplo 1: Te has enredado con esa abuela que se sentía responsable de la muerte de su hijo.** Coloca una foto de ella en el salón, dormitorio, espacio de meditación o sobre tu escritorio. Cuando pases junto a la foto, imagina que puedes oír a tu abuela decir: «Estos sentimientos no te pertenecen. Cada vez que sientas que puedes hacerle daño a *tu* hijo, devuélveme esos sentimientos a través de tu respiración. Siente cómo te apoyo para que cuides y disfrutes de tu hijo, aunque yo no pude salvar al mío».

**Ejemplo 2: Has estado enredado con antepasados que vivieron en la pobreza.** Puede que lo perdieran todo durante la Gran Depresión o les robaran o arrebataran sus pertenencias. Es posible que fueran vendidos como esclavos o que huyeran como refugiados de guerra. En cualquier caso, has establecido un vínculo inconsciente con ellos y has tenido dificultades para llegar a fin de mes. Imagina a estos antepasados de pie detrás de ti, animándote a prosperar. Oye cómo dicen: «A partir de ahora estamos contigo, te apoyamos. No tienes por qué vivir con poco, en la indigencia ni infeliz como nosotros. Trabajamos duro con la esperanza de que nuestros hijos y nietos tuvieran más que nosotros. Que *tú* tuvieras más que nosotros. La mejor forma de honrarnos es que abraces tu vida y vivas con las comodidades que mereces».

**Ejemplo 3: Uno de tus abuelos falleció prematuramente, lo que hizo sufrir a tu madre o a tu padre en su infancia.** Al quedar enredado con ese abuelo, puede que no logres vivir con plenitud ni expresar tu creatividad de un modo que te satisfaga. Tal vez pospongas las cosas y nunca llegues a dar forma a tus ideas. Si es así, coloca una foto de tu abuelo o tu abuela en el salón, en tu habitación, en tu espacio de meditación o en tu escritorio. Dile: «Abuela/abuelo, no viviste lo suficiente para ver tus sueños hacerse realidad. Al estar inconscientemente conectado a ti, he estado reprimiendo los míos. Por favor, apóyame y bendíceme para que tenga la fuerza necesaria para dar luz a mis creaciones».

*Después de leer estos tres ejemplos, ¿se te ocurre alguna otra frase sanadora?*
*¿Qué podrías hacer o decir para deshacer el enredo?*

.................................................................................................................................

.................................................................................................................................

.................................................................................................................................

Las prácticas de estos dos últimos capítulos han sido creadas para liberarte de los efectos del trauma temprano o generacional. Al realizarlas, quizá notes una paz nueva dentro de ti. Las frases sanadoras que has pronunciado (en silencio o en voz alta), así como las imágenes, rituales y ejercicios que has puesto en práctica, pueden haberte ayudado a reforzar tu conexión contigo mismo, a fortalecer una relación con un ser querido o a aliviar un enredo inconsciente con un familiar.

Ahora es el momento de trasladar estas experiencias a las esferas más importantes de tu vida. Veamos cómo aplicar lo aprendido sobre tu historia familiar a tus relaciones y a tu éxito personal y profesional.

# CAPÍTULO 11

# REDESCUBRIR LA CONEXIÓN
# EN TUS RELACIONES

**El poeta clásico Virgilio dijo: «El amor lo vence todo».** Si nuestro amor es lo bastante intenso, nuestra relación de pareja saldrá adelante, por grandes que sean las dificultades. También lo dijeron los Beatles: *Love is all you need,* el amor es todo lo que necesitas. Pero si tenemos en cuenta las incontables lealtades inconscientes que actúan bajo la superficie de nuestras vidas, sin ser vistas, podría ser más exacto decir que el amor, el amor inconsciente que se expresa en las familias, puede «vencer» a nuestra capacidad de mantener una relación amorosa con nuestra pareja.

Las cuestiones no resueltas que tenemos con uno de nuestros padres, o con ambos, suelen proyectarse sobre nuestra pareja. Ya seamos varón o mujer, parece que podemos aplicar una regla general: *Lo que sentimos que no recibimos de nuestra madre, lo que queda por resolver en nuestra relación con ella, suele preparar el terreno para lo que vivimos con nuestra pareja.* Si hemos sentido que nuestra madre era distante, o si hemos rechazado su amor, también será probable que nos distanciemos del amor de nuestra pareja.

Es probable que tengamos dificultades en nuestras relaciones de pareja mientras sigamos atrapados en la red de las pautas familiares. Pero una vez que hemos aprendido a desenredar los hilos invisibles de la historia familiar, podemos desenmarañar también la influencia que ejercen sobre nosotros. Al hacer visible lo que era invisible, quedamos más libres para dar amor y para recibirlo.

Las siguientes preguntas te ayudarán a empezar a descifrar tu lenguaje nuclear en tu relación de pareja. Si en este momento no tienes una relación sentimental, piensa en tu última relación importante como si estuviera ocurriendo ahora y responde a las siguientes preguntas.

## EJERCICIO

## CONECTAR TU MAPA DEL LENGUAJE NUCLEAR CON TU RELACIÓN

*¿Cuál es la principal queja que tienes de tu pareja?*

..................................................................................................................................................

*¿Cuáles son tus descriptores nucleares sobre tus padres (adjetivos y frases que los describen)?*

..................................................................................................................................................

¿Hay similitudes entre los descriptores nucleares que utilizas para describir a tus padres y la queja que tienes sobre tu pareja?

....................................................................................................................

....................................................................................................................

....................................................................................................................

¿Cuál es tu frase nuclear, tu peor miedo, lo peor que podría pasarte?

....................................................................................................................

Escribe una segunda frase nuclear acerca de estar en pareja. ¿Qué es lo que más temes, lo peor que podría pasarte en una relación?

....................................................................................................................

¿Tu frase nuclear sobre las relaciones comparte alguna similitud con tu frase nuclear original?

....................................................................................................................

....................................................................................................................

....................................................................................................................

¿Cuál es tu trauma nuclear: los acontecimientos trágicos que tuvieron lugar en tu infancia o en tu historia familiar?

....................................................................................................................

*¿Detectas algún eco de tus descriptores nucleares, de tu frase nuclear o de tu trauma nuclear en la queja que tienes sobre tu pareja?*

......................................................................................................................

......................................................................................................................

......................................................................................................................

*¿Qué miembro(s) de la familia puede(n) haber tenido una queja parecida sobre su(s) pareja(s)?*

......................................................................................................................

......................................................................................................................

......................................................................................................................

*¿Se refleja en tu relación con tu pareja la relación temprana que tuviste con tu madre? En caso afirmativo, ¿de qué manera?*

......................................................................................................................

......................................................................................................................

......................................................................................................................

## VEINTE DINÁMICAS INVISIBLES QUE PUEDEN AFECTAR A LAS RELACIONES PERSONALES

Con tu mapa del lenguaje nuclear en mente, analiza ahora las siguientes dinámicas familiares que pueden erosionar esa intimidad con tu pareja. Algunas de estas dinámicas pueden incluso impedir que entables una relación. ¿Cuál o cuáles te afectan a ti?

1. **Tuviste una relación difícil con tu madre.** Es posible que repitas con tu pareja lo que te quedó pendiente con tu madre.

2. **Rechazas, acusas o culpas a tu padre o a tu madre.** Es probable que perduren en ti las emociones, los rasgos y las conductas de uno de tus progenitores que tú rechazas. Puede que proyectes sobre tu pareja las quejas que tienes acerca de tu padre o de tu madre. También es posible que atraigas como pareja a una persona que ostente unas características semejantes a las que rechazaste en tu padre o madre. Cuando rechazas a uno de tus progenitores, puedes estar compensando después este rechazo teniendo dificultades en tus relaciones de pareja. Quizá abandones a tus parejas, o quizá te abandonen a ti. Puede que tus relaciones te parezcan vacías; o bien, es posible que optes por quedarte solo. Parece ser que un vínculo estrecho con el progenitor de nuestro mismo sexo refuerza nuestra capacidad para comprometernos con un compañero sentimental.

3. **Estás fusionado con los sentimientos de tu padre o de tu madre.** Si uno de tus progenitores tiene sentimientos negativos hacia el otro, es posible que tú conserves esos sentimientos, dirigiéndolos hacia tu pareja. Los sentimientos de descontento hacia la pareja se pueden transmitir a las generaciones posteriores.

4. **Has sufrido una interrupción temprana del vínculo con tu madre.** Si has pasado por esta dinámica, es probable que padezcas un cierto grado de ansiedad cuando intentes vincularte con tu pareja en una relación sentimental. Es frecuente que la ansiedad vaya en aumento a medida que la relación se vuelve más estrecha. Como no eres consciente de que tu ansiedad arranca de una ruptura temprana del vínculo, puedes empezar a ver defectos en tu pareja o a crear otros conflictos que te permitan distanciarte de esa intimidad. También es posible que tú mismo te sientas falto de cariño, demasiado apegado, celoso o inseguro en tu relación. O, por el contrario, puedes dar muestras de independencia sin exigir demasiado en tus relaciones de pareja. Incluso puede que rehúyas las relaciones por completo.

5. **Te ocupaste de los sentimientos de tu padre o de tu madre.** Lo ideal es que los padres den y los hijos reciban. Pero hay muchos niños que tienen un progenitor triste, deprimido, inseguro o con ansiedad y que adoptan una dinámica de dar consuelo en vez de recibirlo. Dentro de esta dinámica, la satisfacción de las necesidades del niño puede adquirir una relevancia secundaria, y su acceso a sus sentimientos viscerales queda oscurecido por su hábito de dar cariño en vez de recibirlo. En su vida posterior, este niño o niña puede dar demasiado a su pareja, lo que produce tensión en sus relaciones. O bien, se da el efecto contrario. Puede sentirse abrumado o sobrecargado más tarde por las necesidades de su pareja y reaccionar con resentimiento o con un bloqueo emocional al ir evolucionando la relación.

6. **Tus padres no eran felices juntos.** Si tus padres tenían dificultades, o si no les iba bien juntos, es posible que tú no te estés consintiendo a ti mismo tener más de lo que tuvieron ellos. Un sentimiento inconsciente de lealtad hacia tus padres te puede impedir ser más feliz de lo que fueron ellos, aunque sepas que lo que ellos deseaban y desean verdaderamente es que seas feliz. En una familia en que está limitada la felicidad, los hijos pueden sentirse culpables o a disgusto cuando tienen sentimientos de satisfacción.

7. **Tus padres no siguieron juntos.** Si tus padres no siguieron juntos, también tú puedes abandonar tu relación de pareja inconscientemente. Esto sucede en muchos casos cuando tienes la edad que tenían ellos al separarse, cuando tu relación ha durado el tiempo que duró la suya, o cuando tu hijo tiene la misma edad que tenías tú cuando se separaron tus padres. O bien, seguís con la relación, pero vivís separados emocionalmente.

8. **Tu padre o tu abuelo tuvieron otra pareja a la que abandonaron.** Si tu padre o tu abuelo abandonaron a una primera esposa, o a una pareja sentimental a la que habían hecho pensar que se casarían con ella, entonces tú, como hija o nieta, puedes estarlo purgando, quedándote sola como aquella mujer. Quizá sientas que no eres «lo bas-

tante buena», como la mujer que no fue lo bastante buena para tu padre o para tu abuelo. Esta misma dinámica podría darse en el caso de un hijo o nieto cuya madre o abuela hubiera abandonado a un antiguo marido o pareja.

9. **Tu madre o tu padre tuvo un gran amor que le partió el corazón.** Tú, como hijo o hija, puedes sumarte inconscientemente al disgusto de tu progenitor. Quizá pierdas a tu primer amor, o es posible que lleves contigo los sentimientos de desengaño de tu progenitor, o que te consideres imperfecto o no lo bastante bueno (como tampoco lo era él o ella). Puedes tener la sensación de que no estás nunca con la pareja que quieres. Como hijo varón, puedes intentar fervientemente sustituir a ese primer amor y convertirte en un sucedáneo de pareja de tu madre. Como hija, también podrías intentar sustituir al primer amor y convertirte en la pareja de tu padre.

10. **Tu padre o tu madre, o un abuelo o abuela, se quedó solo.** Si uno de tus padres o de tus abuelos se quedó solo después de que su cónyuge lo abandonara o se muriera, es posible que tú también te quedes solo. Si mantienes una relación de pareja, quizá generes conflictos o distanciamiento para poder sentirte solo tú también. Una lealtad silenciosa te hace buscar el modo de compartir esa soledad.

11. **Tu padre o tu madre, o un abuelo o abuela, sufrieron en su matrimonio.** Por ejemplo, si tu abuela se encontró atrapada en un matrimonio sin amor, si tu abuelo se murió, si era bebedor o jugador, o si abandonó a tu abuela dejándola que criara a sus hijos ella sola, entonces tú, como nieta, puedes asociar inconscientemente esas experiencias al hecho de estar casada. Es posible que repitas la experiencia de tu abuela, o tal vez te resistas a comprometerte con un compañero por miedo a que te pase lo mismo a ti.

12. **A tu madre o a tu padre lo despreciaba o lo maltrataba de palabra su cónyuge.** Tú, como hijo, puedes revivir la experiencia de tu progenitor sufriendo el desprecio de tu pareja.

13. **Tu padre o tu madre murió joven.** Si uno de tus progenitores murió cuando tú eras niño, es posible que te distancies física o emocionalmente de tu pareja cuando tengas la misma edad que tenía tu padre o tu madre al morir, o cuando vuestra relación haya durado el mismo tiempo que duró la de tus padres, o cuando vuestro hijo tenga la misma edad que tenías tú cuando murió tu progenitor.

14. **Tu padre o tu madre maltrataba a su cónyuge.** Si uno de tus progenitores trató mal al otro, podrías ponerte del lado del progenitor «opresor» y recrear la misma dinámica con tu pareja. Puede suceder que tú, como hijo, trates mal a tu pareja también para que tu padre no cargue a solas con el papel de ser «el malo». Compartís ese papel. Y, al contrario, podrías identificarte con el progenitor «oprimido» y tener una pareja que te maltrate. Al final, podría resultarte complicado alcanzar más dicha que tu padre o tu madre, que quedaron atrapados en el conflicto.

15. **Hiciste daño a una pareja anterior.** Si hiciste daño a una pareja anterior, quizá intentes inconscientemente compensar ese daño saboteando tu relación de pareja actual. Hasta es posible que tu nueva pareja perciba inconscientemente que puedes tratarle de la misma manera y se distancie de ti un poco.

16. **Has tenido demasiadas parejas.** Si has tenido demasiadas parejas, quizá hayas deteriorado tu capacidad para establecer vínculos en una relación. Las separaciones se vuelven más fáciles, y las relaciones de pareja pierden profundidad.

17. **Abortaste voluntariamente o entregaste a un hijo en adopción.** Tus sentimientos de culpa, tus remordimientos o tu arrepentimiento tal vez no te permitan gozar de mucha felicidad en una relación de pareja.

18. **Eras el confidente de tu madre.** Siendo niño varón, intentaste satisfacer las necesidades no cubiertas de tu madre y proporcionarle lo que te parecía que no podía recibir de tu padre. Más adelante puedes tener dificultades a la hora de comprometerte con una mujer. Es

posible que te cierres física o emocionalmente, temiendo que tu pareja quiera o necesite demasiado de ti, como hacía tu madre. El niño varón que fue confidente de su madre suele establecer relaciones con mujeres con facilidad cuando es adulto. Hasta puede convertirse en un mujeriego e ir dejando un rastro de corazones rotos. El remedio sería que estrechara el vínculo con su padre.

19. **Eras la preferida de tu padre.** La niña que está más próxima a su padre que a su madre se suele sentir insatisfecha con las parejas que elige en su vida adulta. La raíz del problema no se encuentra en la pareja, sino en el distanciamiento que siente la hija respecto de su madre. La relación de una mujer con su madre puede ser un presagio de lo satisfactoria o no que será su futura relación con su pareja.

20. **Alguien de la familia no se casó.** Te puedes estar identificando con tu padre o tu madre, o con un abuelo o abuela, tío o tía o hermano o hermana mayor tuyo que no se casó. Es posible que se burlasen de esa persona, que la ridiculizaran o que se considerara que tenía menos que otros miembros de la familia. Si te alineas con ella inconscientemente, cabe la posibilidad de que tú tampoco te cases.

*¿Han afectado a tu relación una o varias de estas dinámicas? ¿De qué manera?*

........................................................................................................

........................................................................................................

........................................................................................................

Ahora retoma la queja sobre tu pareja. Escríbela aquí otra vez.

*Mi queja sobre mi pareja es...*

........................................................................................................

........................................................................................................

Lee tu queja en voz alta. Intenta oír las palabras sin culpar a tu pareja ni perderte entre las emociones.

Ahora formúlate las siguientes preguntas. En caso de respuesta afirmativa, utiliza las líneas de abajo para escribir tus pensamientos, sentimientos, recuerdos o experiencias.

*¿Tengo la misma queja de mi madre o de mi padre?*

....................................................................................................................

....................................................................................................................

....................................................................................................................

*¿Tenía mi madre o mi padre la misma queja sobre el otro?*

....................................................................................................................

....................................................................................................................

....................................................................................................................

*¿Mi abuela o mi abuelo tuvieron la misma queja?*

....................................................................................................................

....................................................................................................................

....................................................................................................................

*¿Existe un paralelismo entre dos o tres generaciones?*

.................................................................................................................................

.................................................................................................................................

.................................................................................................................................


*¿Mi experiencia con mi pareja refleja cómo me sentía de pequeña con mi madre? Si es así, ¿en qué sentido?*

.................................................................................................................................

.................................................................................................................................

.................................................................................................................................


## ⋙⋘⋙⋘⋙⋘ PRÁCTICA ⋙⋘⋙⋘⋙⋘

## LIBERAR TU RELACIÓN DE LA ENERGÍA
## DE TUS PADRES

Si te has dado cuenta de que la relación con tus padres puede estar influyendo en tu relación de pareja actual, la siguiente práctica puede ayudarte a que te liberes.

Coloca dos pares de zapatillas en el suelo: un par para tu madre y otro para tu padre. Vas a ponerlos mirando en la dirección en la que imaginas que estaban tus padres cuando estaban atrapados en una dinámica recurrente, sin importar cómo se desarrollara esa dinámica. Valiéndote de tu intuición, sujeta cada par de zapatos, de uno en uno, y deja que te guíen hasta el lugar de la habitación en el que quieren colocarse. No lo pienses, siéntelo. Allí donde te conduzcan es el sitio correcto.

¿Están de pie cerca el uno del otro? ¿Se miran frente a frente? ¿Están de espaldas? ¿Uno mira al otro mientras el otro desvía la mirada? Con la disposición de sus zapatos en el suelo, estás recreando la dinámica que había entre ellos cuando eras pequeño.

Ahora, aléjate de las pisadas y observa la dinámica. ¿Cuál es la primera sensación que te viene sobre su relación? ¿Qué emoción general imaginas que sentían el uno por el otro? ¿Sientes su conexión o su desconexión? ¿Uno de ellos quería estar más tiempo con el otro? ¿Se sintió alguno de tus padres atrapado en la relación? ¿O los dos se sintieron así? ¿Fluía el amor entre ellos o había más bien apatía? ¿Había frialdad o amargura entre ellos? ¿Percibes su deseo mutuo o su relación era más bien amistad?

Si no estás seguro, ponte las zapatillas, primero un par y luego el otro. Olvida tus ideas preconcebidas y deja que la energía te inunde. No pienses en ello. Solo siéntelo. Colócate en cada par como si tú *fueras* ellos y experimenta lo que vivieron. Primero, ponte en un par y observa lo que sientes. Después, pasa al otro y vuelve a prestar atención a lo que percibes.

*Utiliza el espacio que aparece a continuación para anotar tus observaciones. Sigue escribiendo hasta que hayas plasmado toda la experiencia.*

...................................................................................................................................

...................................................................................................................................

...................................................................................................................................

...................................................................................................................................

...................................................................................................................................

...................................................................................................................................

...................................................................................................................................

...................................................................................................................................

...................................................................................................................................

Ahora imagina tu relación sentimental actual o la más reciente. ¿La energía es parecida? ¿Has recreado una dinámica similar? ¿Qué emoción de tus padres sientes en tu relación? ¿Qué sufrimiento de tus progenitores sigue vivo en ti?

Si te encuentras reviviendo una dinámica por el estilo, ponte frente a las pisadas de tus padres y pronuncia estas palabras:

«Mamá, papá, de manera inconsciente he recreado aspectos de vuestra relación en la mía. A menudo me siento [infeliz, distante, desconectado o _____] de mi pareja, igual que lo estabais vosotros. No quiero seguir haciéndolo. Vosotros ya tuvisteis vuestra oportunidad. Ahora me toca a mí y pienso entregarme por completo. Os pido que me apoyéis cuando haga las cosas de un modo distinto al vuestro. Bendecidme para que pueda ser feliz con mi pareja, aunque vosotros no lo fuisteis con la vuestra».

*En el espacio siguiente, anota tus nuevas observaciones.*

.............................................................................................................................

.............................................................................................................................

.............................................................................................................................

.............................................................................................................................

.............................................................................................................................

# CAPÍTULO 12

# POTENCIAR TUS LOGROS

**M**uchos libros de autoayuda nos prometen el éxito económico y la realización personal si seguimos fielmente el plan que propone el autor. Nos venden como recetas para la prosperidad estrategias tales como desarrollar hábitos eficientes, ampliar nuestra red social, visualizar nuestro éxito futuro y repetir mantras con los que llamamos al dinero. Pero ¿qué pasa con las personas que parece que no conseguimos nuestros objetivos, hagamos lo que hagamos o sigamos el plan que sigamos?

Cuando nos parece que siempre que aspiramos al éxito nos topamos con obstáculos y llegamos a callejones sin salida, puede ser importante que exploremos nuestra historia familiar. Los hechos traumáticos sucedidos en nuestras familias y pendientes de resolver nos pueden estar cortando el flujo del éxito y nuestra capacidad para recibirlo. Podemos estar sufriendo las consecuencias de una serie de dinámicas que afectan a nuestra capacidad para sentirnos seguros y con vitalidad económica. Entre estas dinámicas se cuentan, entre otras, el que nos estemos identificando inconscientemente con algún miembro de la familia que fracasó en la vida, al que engañaron o que engañó a alguien a su vez; haber recibido una herencia no merecida, o haber vivido el trauma de una separación temprana de la madre.

## CONECTAR TU MAPA DEL LENGUAJE NUCLEAR
## CON TUS LOGROS

*¿Cómo definirías el éxito? ¿Qué significa para ti ser exitoso?*

..........................................................................................................................................

..........................................................................................................................................

..........................................................................................................................................

*Ahora responde: ¿en qué sientes que no tienes éxito? O, mejor aún, ¿qué crees que se interpone en tu camino hacia el éxito?*

..........................................................................................................................................

..........................................................................................................................................

..........................................................................................................................................

*¿Qué es lo que más temes de tener éxito? ¿Qué es lo peor que podría pasarte si consiguieras lo que deseas?*

..........................................................................................................................................

..........................................................................................................................................

..........................................................................................................................................

*¿Puedes pensar en algún hecho de tu historia familiar o de tu niñez que pueda estar obstaculizando tu éxito?*

..................................................................................................................

..................................................................................................................

..................................................................................................................

## DINÁMICAS FAMILIARES QUE PUEDEN AFECTAR AL ÉXITO

He aquí algunas de las principales dinámicas que pueden alterar nuestra relación con el éxito. Cada una de ellas es como una fuerza silenciosa que puede hacernos descarrilar cuando intentamos avanzar.

**El rechazo a un progenitor.** Con independencia de la historia que contamos sobre nuestros padres, de si eran buenos o malos, de lo dolidos que nos sentimos por lo que hicieron o por lo que no hicieron, lo cierto es que, cuando los rechazamos, podemos estar limitando nuestras oportunidades.

Nuestra relación con nuestros padres es una metáfora de la vida, en muchos sentidos. Las personas que sienten que han recibido mucho de sus padres suelen tener también la sensación de que reciben mucho de la vida. El sentimiento de que hemos recibido poco de nuestros padres puede traducirse en un sentimiento de que la vida nos da poco. Si nos sentimos defraudados por nuestros padres, podemos sentirnos también defraudados por la vida.

Por ejemplo, cuando nos sentimos desconectados de nuestra madre, podemos desconectarnos de forma inconsciente de las comodidades de la vida. Podemos sentir que en nuestra vida falta seguridad, tranquilidad, apoyo, cariño... todos los elementos que se asocian a la maternidad. Por mucho que tengamos, es posible que sintamos que nunca tenemos lo suficiente.

Suelo decir que la mayor riqueza de un bebé es la atención plena de su madre. Cuando esa atención es firme y constante, el bebé se siente completo y rebosante de felicidad. Cuando la atención de la madre es irregular o escasa, el bebé sufre una especie de quiebra emocional. No recibir suficiente atención de nuestra madre puede determinar cuánto nos permitimos recibir el resto de nuestra vida.

También pueden ser limitadores los efectos de rechazar al padre. Por ejemplo, un hombre que rechaza a su padre puede sentirse incómodo, tímido o dubitativo cuando está con otros hombres. Hasta puede rehuir o rechazar las responsabilidades asociadas al ser padre, con independencia de que su padre fuera el que sacó adelante a la familia o de que fuera el fracasado de la familia.

Las cuestiones sin resolver con nuestro padre o con nuestra madre pueden oscurecernos la vida laboral y la vida social. Si estamos reproduciendo inconscientemente las dinámicas familiares no resueltas, es probable que generemos conflictos en vez de conexiones auténticas. Puede ser difícil salir adelante mientras estemos dirigiendo nuestras proyecciones antiguas hacia nuestros jefes o hacia nuestros compañeros.

**Repetir la experiencia vital del progenitor al que rechazamos.** Cuando rechazamos a uno de nuestros progenitores se puede generar una simetría extraña que nos vincula con él. Es posible que nos pongamos en su lugar sin saberlo. Los rasgos de nuestro padre o madre que consideramos inaceptables o intolerables pueden reaparecer en nuestra propia vida. Quizá nos parezcan una herencia maldita.

Suponemos que lo contrario es cierto: que cuanto más nos distanciemos de nuestros padres, menos probabilidades tendremos de que nuestra vida se parezca a la de ellos y de que tengamos que pasar por los mismos problemas. Sin embargo, parece ser que se cumple lo contrario. Cuando nos distanciamos de nuestros padres, tendemos a volvernos más como ellos, y es frecuente que nuestras vidas sean semejantes a las suyas.

Por ejemplo, si rechazamos a nuestro padre porque era alcohólico, o un fracasado, nosotros mismos podemos llegar a beber o a fracasar como él.

**Una lealtad inconsciente al fracaso.** No es necesario que rechacemos a nuestros padres para que repitamos en nuestra vida sus desventuras. A veces tenemos un vínculo inconsciente con ellos que nos mantiene empantanados en unas vivencias similares a las suyas. Es posible que, por mucho que nos esforcemos para alcanzar el éxito, nos veamos incapaces de llegar más lejos en nuestras vidas de lo que llegaron ellos en las suyas. Por ejemplo, si tu padre fracasó en los negocios y no fue capaz de sostener económicamente a la familia, quizá te sumes a él sin darte cuenta y fracases del mismo modo. Atrapado por una lealtad inconsciente, puedes sabotear tu éxito para no ser más que tu padre.

**El legado de las cuestiones no resueltas.** Cuando un miembro de la familia querido por todos muere joven, dejando a los demás la sensación de que su vida ha quedado incompleta, suele suceder que en la historia posterior de la familia haya algún miembro que, en una complicidad silenciosa, puede no llegar a completar algo muy importante. El familiar posterior podría no llevar a cabo una tarea esencial de la vida, como obtener un título universitario o cerrar un trato que le aportaría el éxito. La procrastinación también puede deberse a una conexión con la muerte temprana de un familiar.

Podemos vivir sin ser vistos ni reconocidos, a semejanza de un familiar que tuvo una muerte temprana; pero también podemos hacer vidas restringidas o limitadas por lealtad hacia un miembro de la familia que tuvo un problema mental, físico o emocional, y sabotear inconscientemente nuestros propios logros.

**La pobreza pasada puede debilitar la prosperidad presente.** A veces mantenemos una alianza inconsciente con antepasados nuestros que vivieron en la pobreza y que tenían dificultades para conseguir lo necesario para sí mismos y para sus hijos. Si nuestros antepasados pasaron por duras penalidades, como la guerra, el hambre, la persecución, la esclavitud o el verse obligados a abandonar su patria, nosotros podemos estar perpetuando sus sufrimientos sin darnos cuenta de ello, y a esto se debe que se frustren nuestros intentos de hacer una vida holgada. Puede resultarnos difícil tener más de lo que tuvieron ellos.

Suele bastar en muchos casos con un rito sencillo de reconocimiento a los miembros de nuestra familia que pasaron penalidades, para reasentarnos y que seamos capaces de aprovechar la vida «nueva» que recibimos gracias al trabajo de ellos.

**La culpabilidad personal puede reprimir el éxito.** A veces, nosotros mismos nos hemos aprovechado de alguna persona o personas, o les hemos hecho daño de modos que les han producido sufrimientos apreciables. Quizá nos hayamos apoderado de un dinero que no merecíamos, por medio de manipulaciones o de maquinaciones, como puede ser casándonos por dinero o haciendo un desfalco en la empresa en la que trabajamos. Cuando suceden hechos de este tipo, es frecuente que no seamos capaces de conservar estos beneficios económicos. Nos sintamos culpables o no, o tengamos o no en cuenta las consecuencias de nuestros actos, puede suceder que nosotros o nuestros hijos vivamos con estrecheces para equilibrar el daño que hemos hecho.

En conjunto, las consecuencias de nuestros actos, los efectos de los traumas familiares no resueltos, nuestra relación con nuestros padres y nuestro enredo con miembros de nuestra familia que sufrieron pueden servir de obstáculos en el camino que nos conduce al éxito personal. Cuando establecemos la relación con el pasado e integramos lo que estaba desequilibrado en el presente, damos un paso crucial. Una vez que vemos todo y a todos con consideración y con respeto, las cuestiones del pasado no resueltas pueden quedarse en el pasado, y nosotros podemos seguir adelante con mayor libertad y desahogo económico.

 EJERCICIO

## ¿QUÉ ESTÁ FRENANDO TU ÉXITO?

Para analizar cómo estas dinámicas familiares pueden haber limitado tu éxito, ten en cuenta las siguientes afirmaciones. Marca las que correspondan y escribe tus pensamientos, sentimientos, recuerdos o historias en las líneas de abajo.

### La lista de control del éxito

☐ Tuve una relación complicada con mi madre.

☐ Tuve una relación complicada con mi padre.

☐ A mi padre o a mi madre no le fue bien en su vida profesional.

☐ Mi padre o mi madre fracasaron a la hora de mantener a la familia.

☐ Mis padres se separaron cuando yo era joven.

☐ Mi madre no era feliz con mi padre.

☐ Mi padre no era feliz con mi madre.

☐ Sufrí una separación física o emocional de mi madre cuando era pequeño.

- [ ] Mi madre o mi padre murió joven.
- [ ] Mi abuelo murió joven.
- [ ] Uno de mis padres o abuelos tuvo un hermano que murió joven.
- [ ] Obtuve un beneficio importante a costa de otra persona.
- [ ] Alguien de mi familia obtuvo un beneficio importante a costa de otra persona.
- [ ] Alguien de mi familia fue estafado en una herencia.
- [ ] Alguien de mi familia heredó o adquirió bienes que no le correspondían.
- [ ] Alguien de mi familia se arruinó, perdió el patrimonio familiar o hizo que la familia tuviera dificultades económicas.
- [ ] Alguien ajeno a mi familia provocó que atravesáramos dificultades económicas.
- [ ] Alguien de mi familia fue apartado por ser visto como un fracaso, un perdedor o un ludópata.
- [ ] Alguien de mi familia perdió una casa o posesiones y tuvo problemas para recuperarse.
- [ ] Tuve antepasados pobres.
- [ ] Emigré de mi país.
- [ ] Mis padres emigraron de su país.
- [ ] Los miembros de mi familia se vieron obligados a huir o fueron expulsados de su país.
- [ ] Hice daño, engañé o me aproveché de alguien.
- [ ] Alguien de mi familia hizo daño, engañó o se aprovechó de alguien.

*Atando cabos, ¿cuáles de las experiencias anteriores podrían estar relacionadas con tus dificultades personales para alcanzar el éxito? Enuméralas aquí.*

..............................................................................................................................

..............................................................................................................................

..............................................................................................................................

..............................................................................................................................

..............................................................................................................................

Ahora, vayamos un paso más allá e introduzcamos los cuatro temas inconscientes. La siguiente práctica puede servirte para comprender mejor lo que puede estar limitando tu éxito y, al mismo tiempo, ayudarte a que te liberes.

# EL ÉXITO Y LOS CUATRO TEMAS INCONSCIENTES

Vuelve a mirar las casillas que marcaste en la lista de control del éxito. ¿Puedes decir cuál o cuáles de los cuatro temas inconscientes han estado operando silenciosamente en segundo plano?

▶ ¿La ruptura del vínculo con tu madre ha condicionado tu relación con la abundancia?

▶ ¿Te has fusionado con un progenitor que fracasó o sufrió de algún modo?

▶ ¿Has rechazado a uno de tus padres y te sientes apartado del éxito?

▶ ¿Te has identificado con algún familiar que se aprovechó de alguien, vivió en la pobreza, sufrió o fracasó, o algo parecido?

**¿Qué tema inconsciente puede estar limitando tu éxito?**

| TEMA INCONSCIENTE | ¿CÓMO HA AFECTADO A MI ÉXITO? |
|---|---|
| ME FUSIONÉ CON UN PROGENITOR | |
| RECHACÉ A UN PROGENITOR | |
| VIVÍ UNA RUPTURA DEL VÍNCULO | |
| ME IDENTIFIQUÉ CON UN MIEMBRO O MIEMBROS DE LA FAMILIA | |

## DERRIBAR LA BARRERA QUE NOS IMPIDE TRIUNFAR

Coloca dos pares de zapatillas en el suelo: una para ti y otra para la persona que puede estar obstaculizando tu éxito. Puede ser alguien de tu sistema familiar con quien te hayas identificado, o un progenitor con el que te hayas fusionado. (Este par de zapatos también puede representar a varias personas, como tus antepasados más desfavorecidos, o tanto al estafador como al estafado, etc.).

Ahora, ponte en el segundo par de zapatos, como si fueras esa persona (o esas personas). Experimenta lo que debió o debieron sentir. ¿Sientes rabia, frustración, inutilidad, desesperanza, vergüenza, agonía o desesperación?

*Escribe tus observaciones en el espacio siguiente.*

..............................................................................................................................

..............................................................................................................................

..............................................................................................................................

Vuelve a tus propios zapatos. Dile a esa o esas personas: «Veo que me he conectado inconscientemente a ti. Eso ha estado afectando a lo que tengo y a lo que soy capaz de retener. Hoy, vuelvo a redactar el contrato que existe entre nosotros. Abandono todo sufrimiento en el pasado, donde pertenece. A partir de ahora, disfrutaré de lo que es mío viviendo plenamente mi abundancia y saboreando las recompensas que obtenga».

*Utiliza el espacio de abajo para profundizar en la dinámica que ha estado limitando tu abundancia. ¿Te has vinculado a un miembro de tu familia que fracasó? ¿Alguien de tu familia engañó a otro o fue engañado y eso te ha provocado problemas para retener lo que consigues? ¿Has vivido una ruptura del vínculo con tu madre que te hace sentir* que nunca tienes suficiente, tengas lo que tengas? Sea cual sea el patrón, escribe hasta que tus ideas se aclaren.

...............................................................................................................................

...............................................................................................................................

...............................................................................................................................

...............................................................................................................................

...............................................................................................................................

Anota ahora palabras o frases que te imagines diciéndole a esta persona, o a estas personas, para liberarte de ese enredo.

...............................................................................................................................

...............................................................................................................................

...............................................................................................................................

...............................................................................................................................

...............................................................................................................................

# CAPÍTULO 13

# EXPANDIR TU FUERZA VITAL

A estas alturas del libro de ejercicios, es probable que ya estés en un lugar diferente, con una nueva perspectiva. Quizá sientas más ligereza en tu interior. Con tu frase nuclear y tu mapa del lenguaje nuclear, ya has empezado a desenredarte de la red del miedo heredado. Lo que antes funcionaba como un mantra inconsciente que te mantenía anclado en el sufrimiento, ahora puede ser un recurso que te libere.

Aunque este libro proponga múltiples estrategias para sanar, en el fondo no hay nada que arreglar. El espíritu de lo que somos, la chispa de nuestra existencia, ya está dentro de nosotros. Aun así, muchos nos centramos en intentar corregir algo que creemos que no funciona bien en nuestro ser. Nos esforzamos por ser más conscientes, estar más presentes y tener más éxito. Quizá la prueba definitiva de la sanación sea que ya no sentimos la necesidad de ser otra persona. En lugar de eso, simplemente vivimos nuestras vidas.

Dicho esto, he incluido en este capítulo algunas prácticas para mantener viva la chispa. Son sencillas, pero poderosas. He observado que las personas que sanan del trauma no se aferran al resultado de una práctica. No dicen: «Lo hago para que se me pasen los dolores de cabeza». Hacen la práctica porque le hace bien a su cuerpo. Aceptan el proceso sin saber exactamente adónde los llevará.

## PRÁCTICA

### REVISAR LAS PRÁCTICAS MÁS IMPORTANTES

Vuelve a recorrer las páginas de este libro y marca las prácticas, los ejercicios, los rituales y las frases sanadoras que más te hayan impactado. Recuerda que, cada vez que las repites, estás creando nuevas vías neuronales en tu cerebro y nuevas experiencias en tu cuerpo. Cada vez que practicas sentir las emociones y las sensaciones de estas experiencias nuevas estás profundizando y reafirmando la curación.

*¿Qué frases y prácticas sanadoras te han resultado más útiles?*

...........................................................................................................................................

...........................................................................................................................................

...........................................................................................................................................

*¿A qué prácticas crees que volverías cuando te asalten viejos temores?*

...........................................................................................................................................

...........................................................................................................................................

...........................................................................................................................................

## PRÁCTICA

# CUANDO RESURGEN ANTIGUOS TEMORES

No siempre es fácil retener los buenos sentimientos. Podemos empezar nuestra práctica de «sentimientos positivos» y luego volver a caer enseguida en nuestros viejos y conocidos pensamientos negativos. «Puede que esta práctica les sirva a otras personas, pero no a mí. A mí no me funciona nada. Por mucho que lo intente, parece que nunca mejoro».

Este tipo de pensamientos es normal. Como vimos antes, la amígdala se aferra a las ideas y emociones negativas porque cree que así nos protege del daño. Volver una y otra vez a sentimientos dolorosos y pensamientos preocupantes es su manera inconsciente de intentar mantenernos a salvo. Es como si una voz interior dijera: «Si me agacho yo mismo, tengo menos probabilidades de que me tiren al suelo». Esta estrategia, aunque sea frecuente en muchas personas, no nos protege. De hecho, hace justo lo contrario. Nos mantiene aferrados a un estado de lucha, huida o bloqueo y dificulta la aparición de emociones positivas.

Si ves que regresan los viejos miedos o sentimientos, sigue estos tres sencillos pasos:

**Advierte dentro de ti los miedos y emociones que te resultan familiares.** Si no los tienes claros, puedes intentar repetir tu frase nuclear en voz alta o para tus adentros. Mientras la pronuncias, deja que surjan las sensaciones del antiguo miedo, aunque solo sea por un momento, para que puedas familiarizarte con los sentimientos. Estas sensaciones pueden indicar que el interruptor de tu frase nuclear se ha activado sin que te hayas dado cuenta.

**Reconoce que se ha activado el miedo antiguo.** Una vez que seas consciente de él, tendrás el poder de anular su control.

**Toma medidas para salir de la espiral de emociones.** La acción que emprendas es importante. Puedes empezar por decirte: «Estos sentimientos no son míos. Solo los he heredado de mi familia». A veces, basta con reconocerlo así. También puedes visualizar el hecho traumático que te tuvo cautivo, o al miembro de tu familia con el que te habías identificado. Mientras lo haces, recuérdate a ti mismo que esos sentimientos ya pasaron y que tus familiares en cuestión ahora te están apoyando y consolando.

También puedes poner una mano sobre la parte del cuerpo donde notas los sentimientos antiguos y respirar hondo, dejando que la espiración se prolongue dentro de ti. Mientras lo haces, también puedes preguntarte a ti mismo: «¿Qué cosa nueva estoy notando en mi cuerpo en este preciso instante?». Cuando diriges hacia el interior de tu cuerpo tu enfoque y tu respiración, y percibes las sensaciones que residen allí sin que se desencadenen los miedos, puedes alterar tu experiencia interior.

Deja que las sensaciones de estas experiencias positivas te impregnen de forma física y visceral, hasta el punto de que llegues a conocerlas y a confiar en cómo se sienten en tu cuerpo.

Al seguir estos pasos, aquietas la respuesta del cerebro al trauma y fortaleces las áreas que pueden ayudarte a sentirte mejor. Con la repetición y la atención focalizada, los nuevos pensamientos, imágenes, emociones y sensaciones se consolidan, lo que te proporciona estabilidad frente a los altibajos de la vida cotidiana.

Los traumas pueden resultar desafiantes, pero también nos abren un camino de crecimiento personal. Por lo general, no se llega a ser grande sin antes haber superado algo importante. En este sentido, al atravesar las aguas turbulentas del trauma y aprender a sobrevivir, también desarrollamos estrategias poderosas que nos conducen al éxito. Y se presentarán muchas ocasiones para continuar con ese éxito. Como nos recuerda Freud, un trauma que busca una resolución positiva seguirá repitiéndose. La contracción, que en el fondo busca expandirse, se repetirá hasta que se produzca esa expansión.

A continuación encontrarás una práctica para sentir esa expansión ahora.

## PRÁCTICA

# ENTRAR DE LLENO EN EL FUTURO
# HONRANDO EL PASADO

Busca seis pares de zapatos que representen a tu madre, a los padres de tu madre, a tu padre y a los padres de tu padre. Coloca los zapatos detrás de ti, de forma que los de tu padre queden justo detrás de tu hombro derecho y los de tu madre justo detrás de tu hombro izquierdo. A continuación, pon los zapatos de sus padres detrás de ellos, con los zapatos de su madre a la izquierda y los de su padre a la derecha.

Con tus padres y abuelos detrás de ti, colócate en tus propios zapatos y siente su apoyo, como si una corriente de energía fluyera de ellos hacia ti. Tómate un minuto y deja que esa energía te impregne. Siente cómo se filtra en tus células. Imagina que recibes su apoyo y su bendición para vivir una vida larga y saludable, una vida plena y feliz.

Ahora dedícales las siguientes palabras:

«Gracias por todo lo que me habéis dado. Para honraros a vosotros y a todo lo que habéis vivido, prometo llevar una buena vida rebosante de amor. Aunque nuestra relación haya sido difícil, tomaré el regalo de mi vida y haré algo valioso con él. Os honraré viviendo la mejor vida posible».

Siente que tus palabras son bien recibidas. Ahora, guarda un minuto de silencio y deja que algo de ellos pase a ti. No necesitas saber qué es. Solo siéntelo. Puede ser una sensación física, un mensaje o una ola de bienestar que te recorre. Sea lo que sea, acéptalo.

*Escribe lo que has sentido. Sigue escribiendo hasta que lo hayas plasmado todo.*

...................................................................................................................................................................

...................................................................................................................................................................

...................................................................................................................................................................

........................................................................

........................................................................

........................................................................

........................................................................

........................................................................

........................................................................

# PRÁCTICA

## SOBRE TUS PROPIAS HUELLAS

Me gustaría pedirte una cosa más.

Toma tu par de zapatillas y colócalas frente a tu ventana favorita, donde tengas vistas de la naturaleza o de algo que te dé vida: niños jugando en el césped, pájaros cantando en un árbol, el sol asomando por encima de una colina... cualquier imagen que te inspire o te alegre el corazón.

Ponte las zapatillas y siente tu nuevo yo, rebosante de sabiduría y experiencia. Siente que ocupas el lugar que te corresponde en la vida. ¿Qué sensación te produce arraigarte en tu propia energía, sin las influencias del pasado? ¿Qué se siente al atraer tu propia fuerza vital a tu cuerpo? ¿Qué te parece tener por fin tu propio espacio?

Lleva tu respiración a ese espacio de tu cuerpo donde habita. Cuanto más lo sientas, más se expandirá. Deja que aparezcan las sensaciones y respira dentro de ellas. Con cada inhalación, expándelas hacia dentro y, con cada exhalación, hacia fuera. Acompaña las sensaciones con tu conciencia. Imagina que cabalgas sobre ellas y te llevan en un viaje sensorial. Súbete a ellas hasta convertirte en ellas, hasta fundirte con ellas. Permanece, si lo deseas, hasta que ya no haya un «tú». Sin mente. Sin pensamientos. Solo siente la fuerza vital expandiéndose en tu interior. Ese viaje es el verdadero regreso a ti mismo.

*Escribe lo que has sentido. Sigue escribiendo hasta que lo hayas plasmado todo.*

..................................................................................................................
..................................................................................................................
..................................................................................................................
..................................................................................................................
..................................................................................................................
..................................................................................................................
..................................................................................................................
..................................................................................................................
..................................................................................................................

Para terminar, quiero darte las gracias por recorrer conmigo este cuaderno de ejercicios. Adentrarse en las sombras de la historia familiar nunca es fácil, pero lo conseguiste. El poder transformador de este viaje es inmenso y no debe tomarse a la ligera. Me gustaría detenerme a reconocer lo que has logrado y subrayar la importancia de este trabajo. Cada vez que lo hacemos, no solo nos fortalecemos individualmente, sino que también reforzamos nuestras relaciones, nuestras familias, nuestras comunidades y, en última instancia, contribuimos a la paz colectiva de toda la humanidad. Quiero darte las gracias de corazón por ello. Mi mayor deseo es que te conviertas en esa expansión de la fuerza vital que te permita vivir con plenitud y amar con toda la profundidad posible.

# GLOSARIO

**Descriptores nucleares.** Adjetivos y frases breves que desvelan los sentimientos inconscientes que albergamos hacia nuestros padres.

**Frase curadora.** Una frase de reconciliación o resolución que trae nuevas imágenes y sentimientos de bienestar.

**Frase nuclear.** Una frase breve que expresa el lenguaje con carga nuclear de nuestro miedo más profundo. Lleva en sí los restos de un trauma no resuelto, de nuestra propia primera infancia o de nuestra historia familiar.

**Genograma.** Representación visual en dos dimensiones de un árbol genealógico.

**Lenguaje nuclear.** Las palabras y frases personales que expresan nuestros miedos más profundos y que nos aportan pistas que nos guían hacia el origen de un trauma pendiente de resolver. El lenguaje nuclear también puede manifestarse en forma de sensaciones físicas, conductas, emociones, impulsos y síntomas de una enfermedad o trastorno.

**Pregunta puente.** Una pregunta que puede relacionar un síntoma, problema o miedo persistente con un trauma nuclear, o con un miembro de la familia que tuvo dificultades similares.

**Queja nuclear.** Nuestro problema principal, internalizado o proyectado hacia el exterior, que suele deberse a fragmentos de experiencias traumáticas y que se expresa en el lenguaje nuclear.

**Trauma nuclear.** El trauma no resuelto de nuestra vida temprana o de nuestra historia familiar que puede afectar inconscientemente a nuestras conductas y decisiones, a nuestra salud y a nuestro bienestar.

# AGRADECIMIENTOS

**Este libro ha sido posible gracias a quienes han donado su tiempo** y su talento de forma desinteresada. Me siento agradecido y conmovido por la bondad y generosidad que me han demostrado.

En primer lugar, quiero expresar mi más sincero agradecimiento a mi amiga, la talentosa escritora Amanda Rooker. Con la firme intención de comprender este trabajo de manera visceral, se sumergió en él. Después, con gran sensibilidad y buen corazón, me ayudó a esculpir este cuaderno para que fuera una experiencia sin fisuras, incorporando elementos esenciales a lo largo del proceso. Su inteligencia se percibe en cada una de estas páginas.

La doctora Shannon Zaychuk dedicó incontables horas a trabajar conmigo en los primeros borradores de *Este dolor no es mío*. Desde la fase de conceptualización hasta la puesta por escrito, me ayudó a sentar las bases de este libro de ejercicios. Su experiencia y sus aportaciones decisivas añadieron una dimensión profunda al proyecto.

También estoy agradecido a mi ayudante de investigación, Katarina Baltayan-Pautz, por su inteligencia, su fino oído para el lenguaje y el significado, su aguda capacidad para sintonizarse conmigo, lo que nos permitió pensar como uno solo, y las numerosas horas que dedicó a este proyecto. Su ayuda fue determinante.

Le estoy muy agradecido por su amistad al excelente agente Bonnie Solow, también por reconocer la importancia de mi trabajo, por su perspicaz sabiduría y por su impecable orientación.

Me considero afortunado por haber trabajado directamente con el vicepresidente y editor de Penguin, Patrick Nolan. Agradezco enormemente su experiencia editorial, su genuina amabilidad, su mente creativa y el ánimo que me brindó en todo momento.

También me gustaría dar las gracias al presidente y editor de Penguin, Brian Tart, por confiar en mí y por apoyarme a la hora de llevar mi nueva obra a la página escrita. Y a Emma Dollar y a todo el equipo de Penguin, muchísimas gracias.

La doctora Isabelle Mansuy, profesora de neuroepigenética en la Facultad de Medicina de la Universidad de Zúrich, se tomó el tiempo de compartir sus conocimientos conmigo. Le estoy muy agradecido por ello y por sus aportaciones pioneras sobre la herencia epigenética transgeneracional, que se recogen a lo largo de este libro de trabajo.

A Anna Catarina, mi compañera de vida: tu ayuda es incalculable. Tu brillantez, tus sugerencias acertadas, tu apoyo sin límites y todos los *matcha lattes* que me preparaste fueron el motor que me mantuvo en pie hasta altas horas de la noche.

Estoy enormemente agradecido a todos mis profesores, en especial al ya fallecido Dr. Roger Woolger, con quien compartía mi amor por el lenguaje. Roger me ayudó a descifrar el apremiante lenguaje del inconsciente. Su trabajo ha inspirado en gran medida el mío. También quiero reconocer la labor del difunto Jeru Kabbal, que me ayudó a seguir presente en medio de la adversidad.

No tengo palabras suficientes para expresar mi gratitud hacia Bert Hellinger, ya fallecido, por haber sido mi maestro y haber acompañado mi trabajo. Lo que me dejó de legado no tiene medida.

Por último, estoy en deuda con todas las personas valientes que compartieron conmigo sus historias. Mi mayor anhelo es haberles hecho honor en estas páginas.

# NOTAS

## INTRODUCCIÓN: ¿TIENES UN TRAUMA FAMILIAR HEREDADO?

1.  Se han modificado los nombres y las características identificativas.

## CAPÍTULO 1: ¿CÓMO HEREDAMOS LOS EFECTOS DEL TRAUMA?

2.  Caleb E. Finch y John C. Loehlin, «Environmental Influences That May Precede Fertilization: A First Examination of the Prezygotic Hypothesis from Maternal Age Influences on Twins», *Behavioral Genetics* 28, n.º 2 (1998): 101, doi.org/10.1023/A:1021415823234.
3.  Thomas W. Sadler, *Langman's Medical Embryology*, 9.ª ed. (Baltimore: Lippincott Williams & Wilkins, 2009), 13.
4.  Tracy Bale, «Epigenetic and Transgenerational Reprogramming of Brain Development», *Nature Reviews Neuroscience* 16 (2015): 332-344, doi.org/10.1038/nrn3818.
5.  Para profundizar en esta investigación, consúltese Mark Wolynn, *Este dolor no es mío. Identifica y resuelve los traumas familiares heredados* (Móstoles: Gaia Ediciones, 2017).
6.  Entrevista con Mark Wolynn, 7 de febrero de 2024.
7.  Patrick McGowan *et al.*, «The Legacy of Child Abuse», *Headway* 4, n.º 1 (2009), McGill University.

8. Amie Hackett, «Scientists Discover How Epigenetic Information Could Be Inherited», Universidad de Cambridge, 25 de enero de 2013, cam.ac.uk/research/news/scientists-discover-how-epigenetic-information-could-be-inherited.

9. Para conocer con más detalle la investigación sobre el trauma familiar heredado, consulta *Este dolor no es mío*, de Mark Wolynn (Móstoles: Gaia Ediciones, 2017).

10. Natalie Rahhal, «Men Who Suffered Trauma as Children May Pass On Their Anxiety to Their Kids Through Their Sperm, Study Finds», *Daily Mail*, 22 de mayo de 2018, dailymail.co.uk/health/article-5759347/Men-suffered-trauma-children-pass-anxiety-kids-sperm.html. Para consultar el estudio original, véase David A. Dickson *et al.*, «Reduced Levels of miRNAs 449 and 34 in Sperm of Mice and Men Exposed to Early Life Stress», *Translational Psychiatry* 8, n.º 101 (2018), doi.org/10.1038/s41398-018-0146-2.

11. Jef Akst, «Transgenerational Trauma Passed Down from WWII Evacuees», *The Scientist*, 29 de noviembre de 2017, the-scientist.com/transgenerational-trauma-passed-down-from-wwii-evacuees-30571. Para consultar el estudio original, véase Torsten Santavirta *et al.*, «Association of the World War II Finnish Evacuation of Children with Psychiatric Hospitalization in the Next Generation», *JAMA Psychiatry* 75, n.º 1 (2018): 21-27, doi.org/10.1001/jamapsychiatry.2017.3511.

12. Los estudios sobre gusanos han demostrado que los cambios epigenéticos pueden rastrearse hasta trescientas generaciones atrás: «Match Matters: The Right Combination of Parents Can Turn a Gene Off Indefinitely», *ScienceDaily*, 9 de julio de 2021, sciencedaily.com/releases/2021/07/210709094505.htm. Para consultar el estudio original, véase Sindhuja Devanapally *et al.*, «Mating Can Initiate Stable RNA Silencing That Overcomes Epigenetic Recovery», *Nature Communications* 12, n.º 1 (2021), doi.org/10.1038/s41467-021-4. Además, en estudios con peces espinosos, los investigadores descubrieron que machos y hembras reaccionaban de forma distinta a los traumas parentales: los padres expuestos a depredadores generaban comportamientos más arriesgados y audaces en los machos, pero no en las hembras, mientras que las madres expuestas a depredadores provocaban ansiedad tanto en machos como en hembras. Véase Jennifer Hellmann, «In Fish, Parents' Stressful Experiences Influence Offspring Behavior via Epigenetic Changes», *The Conversation*, 30 de marzo de 2021, theconversation.com/in-fish-parents-stressful-experiences-influence-offspring-behavior-via-epigenetic-changes-156833.

## CAPÍTULO 2: LA RUPTURA DEL VÍNCULO

13. Referencia de Mark Wolynn, *Este dolor no es mío. Identifica y resuelve los traumas familiares heredados* (Móstoles: Gaia Ediciones, 2017).

14. Dylan G. Gee y Emily M. Cohodes, «Influences of Caregiving on Development: A Sensitive Period for Biological Embedding of Predictability and Safety Cues», *Current Directions in Psychological Science* 30, n.º 5 (2021): 376-383, doi.org/10.1177/09637214211015673.

15. Winifred Gallagher, «Motherless Child», *The Sciences* 32, n.º 4 (1992): 12-15, esp. 13, doi.org/10.1002/j.2326-1951.1992.tb02399.x.

16. Raylene Phillips, «The Sacred Hour: Uninterrupted Skin-to-Skin Contact Immediately After Birth», *Newborn & Infant Nursing Reviews* 13, n.º 2 (2013): 67-72, doi.org/10.1053/j.nainr.2013.04.001.

17. Edward Tronick y Andrew Gianino, «Interactive Mismatch and Repair: Challenges to the Coping Infant», *Zero to Three* 6, n.º 3 (1986): 1-6; Donald Winnicott, *Babies and Their Mothers* (Perseus, 1987). Edición española: *Los bebés y sus madres* (Barcelona: Paidós, 2022).

18. Edward Tronick y Marjorie Beeghly, «Infants' Meaning-Making and the Development of Mental Health Problems», *American Psychologist* 66, n.º 2 (2011): 107-119, doi.org/10.1037/a0021631.

## CAPÍTULO 8: DEL ENTENDIMIENTO A LA INTEGRACIÓN

19. Andrew Newberg y Mark Robert Waldman, *Words Can Change Your Brain* (Nueva York: Plume, Penguin 2012), 3.

20. Ibíd., 35.

21. David Samuels, «Do Jews Carry Trauma in Our Genes? A Conversation with Rachel Yehuda», *Tablet Magazine*, 11 de diciembre de 2014, https://images.shulcloud.com/4182/uploads/Archives/DoJewsCarryTraumainTheirGenes.pdf.

22. Rick Hanson, «How to Trick Your Brain for Happiness», *Greater Good Magazine*, 26 de septiembre de 2011, http://greatergood.berkeley.edu/article/item/how_to_trick_your_brain_for_happiness.

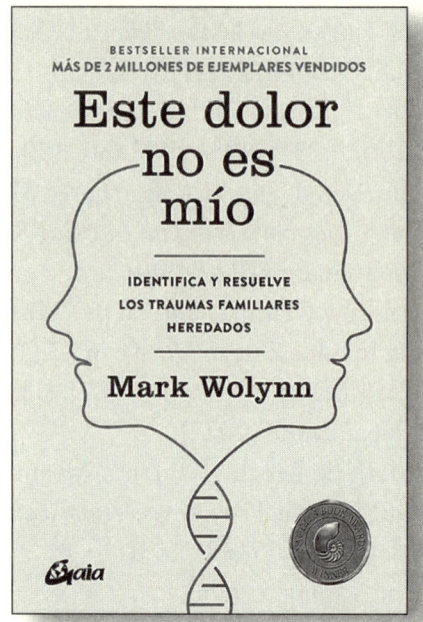

## ESTE DOLOR NO ES MÍO

### Identifica y resuelve los traumas familiares heredados

La evidencia científica muestra que los traumas pueden ser heredados. Existen pruebas fiables de que muchos problemas crónicos o de largo plazo pueden no tener su origen en nuestras vivencias inmediatas o en desequilibrios químicos de nuestro cerebro, sino en las vidas de nuestros padres, abuelos o bisabuelos.

Mark Wolynn, fundador y director del Instituto de Constelaciones Familiares (FCI) y pionero en el estudio de los traumas familiares heredados, presenta en *Este dolor no es mío* un enfoque transformador que permite resolver problemas crónicos que no han podido ser aliviados mediante la terapia tradicional, los medicamentos u otras medidas.